PEDEGOGY OF INTERNATIONAL GEOGRAPHY EXCURSIONS
FIELD COURSES IN GERMANY

地理学国际实习教程
德国地理综合实习

薛德升　刘　晔　（德）苏迪德（Dietrich Soyez）　李子枫 ◎ 编

中山大学出版社
·广州·

版权所有　翻印必究

图书在版编目（CIP）数据

德国地理综合实习 / 薛德升，刘晔，（德）苏迪德（Dietrich Soyez），李子枫编．—广州：中山大学出版社，2021.11
地理学国际实习教程
ISBN 978-7-306-07304-4

Ⅰ. ①德… Ⅱ. ①薛… ①刘… ②苏… ③李… Ⅲ. ①人文地理—德国—教育实习—高等学校—教学参考资料 Ⅳ. ① K951.6

中国版本图书馆 CIP 数据核字（2021）第 175851 号
审图号：GS（2021）7670 号

DEGUO DILI ZONGHE SHIXI

出 版 人：	王天琪
策划编辑：	王旭红
责任编辑：	李海东　王旭红
封面设计：	林绵华
版式设计：	林绵华
责任校对：	李昭莹
责任技编：	靳晓虹
出版发行：	中山大学出版社
电　　话：	编辑部　020-84110283，84113349，84111997，84110779，84110776
	发行部　020-84111998，84111981，84111160
地　　址：	广州市新港西路 135 号
邮　　编：	510275　　　传　真：020-84036565
网　　址：	http：//www.zsup.com.cn　　E-mail：zdcbs@mail.sysu.edu.cn
印 刷 者：	广州一龙印刷有限公司
规　　格：	787mm×1092mm　1/16　7.75 印张　115 千字
版次印次：	2021 年 11 月第 1 版　2021 年 11 月第 1 次印刷
定　　价：	46.00 元

如发现本书因印装质量影响阅读，请与出版社发行部联系调换

总　　序

"读万卷书，行万里路"是我国古代学者所崇尚的治学方法。自德国学者洪堡和李特尔开创世界近代地理学以来，野外实习一直是地理学人才培养和科学研究的基本方法。中山大学地理学系正式创办于1929年，是我国最早在高校理科建立的地理学系之一，德国学者威廉·克雷德纳（Wilhelm Credner）和沃尔夫冈·潘泽（Wolfgang Panzer）分别担任第一、第二任系主任。受当时德国地理学的影响，野外实习、实验分析、综合研究和国际交流成为中山大学地理学的四个特色。从1930年云南实习开始，与理论知识紧密结合的野外实习成为中山大学地理学人才培养和科学研究中不可或缺的重要内容。20世纪60年代以来，随着新国际劳动分工的拓展，地理学对世界上许多空间要素、过程的认知和解释需要从全球到地方开展多尺度分析。改革开放以来，我国参与国际分工的程度逐步加深，许多国内地理现象受到全球的影响；2000年以后，我国对全球经济、政治、社会、文化的影响力日益提升，发生在世界上其他地方的空间现象也越来越多地受到了中国的作用。全球化时代的变化迫切要求我们培养具有全球视野的地理学人才，国际实习则是其中一种重要的方法。

中山大学地理学德国地理综合实习的准备工作起始于2002年。当年春天，德国科隆大学地理系苏迪德（Dietrich Soyez）教授访问中山大学地球与环境科学学院（今地理科学与规划学院），希望带领科隆大学的学生来珠江三角洲开展野外实习，见证"进行中的工业化"（living industrialization）和快速的城市化。2004年5—7月，我代表中山大学地理科学与规划学院赴科隆大学地理系讲授野外实习理论课"珠江三角洲的工业化与城市化"，其间重点考察了德国莱茵-鲁尔地区和部分城市与乡村，形成了世界工业化早期发展、全球化对城市的影响、乡村发展与规划、资源开发与生态环境恢复和保护等中国学生赴德国学术实习的主题。同时，我与德方商定双方举办地理学联合国际实习的计划，即双年份科隆大学师生赴中国实习，单年份中山大学师生赴德国实习，双方委派教师与学生提供讲解、翻译和后勤等方面的帮助。2004年暑期，苏迪德教授带领科隆大学地理系师生开展了首次中国珠江三角洲地理综合实习。2006年，弗劳克·克拉斯（Frauke Kraas）教授带领科隆大学的学生完成了第二次珠江三角洲地理综合实习。2005年暑假，我与周素红、袁媛两位青年教师带领中山大学与深圳大学两校的学生开展了首次德国地理综合实习；2007年刘云刚副教授，2009年林琳教授、李玲副教授、沈静副教授，2017年刘晔教授、沈静副教授、罗明副教授、孟祥韵老师，2018年刘晔教授，等等，分别带领中山大学的学生开展了德国地理综合实习。中方师生前三次赴德国的地理综合实习得到了德意志学术交流中心（Deutscher Akodemischer Austausch Dienst，DAAD）和科隆大学的资助。

2005年德国实习期间，科隆大学副校长
当娜－利博（Dauner-Lieb）教授会见中、德师生一行

中山大学地理学瑞士实习的准备工作起始于2008年。当年夏天，瑞士巴塞尔大学地理系瑞塔·施耐德-斯利华（Rita Schneider-Sliwa）教授访问中山大学地理科学与规划学院，商讨巴塞尔大学师生在珠江三角洲开展地理综

合实习事宜。2008年10—11月,我赴巴塞尔大学地理系讲授野外实习理论课"珠江三角洲的区域发展与区域规划"。其间,双方商定举办由巴塞尔大学和中山大学师生共同参加的地理学联合国际野外实习。2009—2018年,双方连续举办了6次珠江三角洲野外实习。其间,我利用每年11—12月赴瑞士讲授实习理论课的机会,实地考察了瑞士、法国和德国的部分城市和区域,初步形成了"政治中心型世界城市—生态城市—旅游城市—莱茵河流域区域发展等"中国学生赴瑞士学术实习的主题。2017年12月,我在访问巴塞尔大学期间,与瑞塔·施耐德-斯利华教授讨论确定了中国学生赴瑞士实习的详细计划。2018年10月,刘晨副教授和陈素玲老师带领中山大学的学生赴瑞士—法国东南部—德国西南部开展了地理综合实习。

中山大学地理学荷兰-比利时实习的准备工作分别起始于2013年、2016年。2013年10月,我访问比利时根特大学地理系,与本·德鲁德(Ben Derudder)教授初步商讨中国学生赴比利时地理综合实习事宜。访问期间,我考察了比利时城市布鲁塞尔(欧盟三大首都城市之一)和根特,初步形成了"政治型世界城市—历史时期世界城市等"中国学生赴比利时学术实习的主题。2016年11月,我访问荷兰乌得勒支大学地理系,与杨·范·维斯普(Jan van Weesep)教授商讨中国学生赴荷兰地理综合实习事宜。随后我考察了乌得勒支、阿姆斯特丹、鹿特丹、海牙、代尔夫特等荷兰城市,形成了"多中心城市区域—宗教城市—低地区域水文地理与农业发展等"中国学生赴荷兰学术实习的主题。2017年谷晓丰书记、黄旭副研究员、王振刚副教授、孟祥韵老师,以及2018年黄旭副研究员、孔碧云老师,分别带领中山大学的学生开展了荷兰-比利时地理综合实习。

中山大学地理学国际地理综合实习由室内理论课程、地理综合实习和实习总结三个紧密联系的部分组成。第一,理论课程部分,包括三个步骤:①如前所述,由中方教授与实习国家教授商定实习主题;②按照实习主题,外方教授准备理论课程内容提纲和地理综合实习详细线路,与中方教授讨论每个实习主题的理论内容和与之相对应的实习站点,之后进一步准备课程PPT与相关课程材料;③外方教授在中山大学为参加地理综合实习的师生讲授1~2周的课程，讲解相关理论知识和区域背景，介绍实习计划与组织，布置地理综合实习作业，等等。第二，地理综合实习部分，包括：①中外双方教授全程带领学生经历完整实习线路；②中外双方教授以及邀请的当地专家在每个实习站点讲解，并与学生围绕实习主题的理论知识和实地现象展开讨论；③结合实习线路和站点，检查学生作业完成情况等。第三，实习总结部分，包括：①地理综合实习期间的每日总结，考察学生对当天实习内容的掌握情况；②实习完成一段时间后，学生提交实习报告，实习团队进行总结，考察学生对实习内容的整体掌握情况；③在学院举办展览，介绍、汇报和展示实习成果。

中山大学地理学的国际地理综合实习主要收到了四个方面的成效。第一，培养了学生的全球视野和综合能力。国际地理综合实习的内容在时间上跨越了自工业化初期以来三个世纪（甚至更加久远）的历史，在空间上跨越了全球—跨国区域—国家—国内区域—城市（乡村）—地方的多个尺度，为更加全面清晰地认识、分析和理解地理学理论和现实提供了帮助，并且培养了学生从多要素综合分析地理现象的能力。第二，提升了学生的家国情怀。从2017年开始，在德国地理综合实习线路中专门安排了参观、考察马克思故居特里尔（Trier）和恩格斯故乡伍珀塔尔（Wuppertal）。要求学生思考马克思和恩格斯早期成长的地理环境和政治、经济、社会、文化背景，从而更加深刻地理解经典马克思主义理论；引导学生开展跨时空的对比分析，从而更加客观全面地理解国际共产主义运动史、中国近代发展史，以及中国共产党领导中国人民"从站起来、富起来到强起来"的艰苦奋斗历史，提升学生的家国情怀。第三，加强了国际学术交流。通过国际实习，中山大学与德国的科隆大学、柏林洪堡大学、柏林自由大学，瑞士的巴塞尔大学、洛桑大学，法国的巴黎第一大学，荷兰的乌得勒支大学、阿姆斯特丹大学，以及比利时的根特大学等高水平的地理高校建立和开展了学术交流，迈出了国际开放性人才培养的坚实步伐。第四，促进了师生的学术成长。参加地理学国际实习的师生通过克服因语言、文化、（陌生的）环境等差异带来的各个方面的困难使综合能力得到提升：一方面，教师提升了组织和带领地理学国际实习的综合能力，几位当年带队的青年教师今天已经成长为本单位甚至国内某一分支学科的中坚力量；另一方面，学生加深了对地理学科和专业的认同感，部分参加2005年、2007年和2009年德国地理综合实习的学生今天已经成长为优秀的高校青年教师，并已经开始带领学生开展国际地理综合实习。

在德国、瑞士、法国、荷兰、比利时地理综合实习期间，德国科隆大学的苏迪德教授、克里斯蒂安·舒尔茨（Christian Schultz）博士、弗劳克·克拉斯教授，瑞士巴塞尔大学的瑞塔·施耐德-斯利华教授，荷兰乌得勒支大学的杨·范·维斯普教授、伍兹·奥兹玛（Oedzge Atzema）教授及其团队向我们提供了帮助。苏迪德教授、瑞塔·施耐德-斯利华教授、杨·范·维斯普教授和伍兹·奥兹玛教授在中山大学讲授了理论课程，并带领实地考察。中山大学的薛德升、谷晓丰、林琳、刘云刚、周素红、袁媛、沈静、刘晔、王振刚、罗明、刘晨、黄旭、孔碧云、孟祥韵等带队老师参加了国际地理综合实习。本次出版的地理学国际实习教程在最大程度上涵盖了上述野外实习三个部分的主要内容，是组织和参加国际地理综合实习师生共同努力的成果。谨向所有为实习、实习教程做出贡献的老师和同学表示衷心感谢！因整理资料和成书的时间仓促，且水平有限，内容难免挂一漏万，存在错漏之处，敬请各位同行、专家、老师、同学和读者指正。

2000年以来，除在德国、瑞士、法国、荷兰和比利时以外，中山大学地理科学与规划学院还在加拿大、日本开展了地理学国际综合实习，这是艰辛的探索与努力的尝试。我们与美国、澳大利亚、墨西哥和南非部分国家的高校也建立了初步的联系。2021年6月，中山大学海洋科考船将正式交付使用，希望未来的地理学国际综合实习能够覆盖全世界七大洲，对培养和不断提升学生的全球视野有所贡献，更希望能够对全球化时代我国高校地理学人才的培养有所助益。

薛德升

2021年2月于中山大学康乐园

用脚步丈量世界之广大，
用心灵感受世界之美好，
用地理解读世界之妙趣，
用规划改变世界之未来。

——薛德升

前　　言

本实习教程的主要内容基于2005—2018年中山大学地理科学与规划学院的德国地理综合实习内容整理。2005年9月4—19日，在薛德升、周素红和袁媛3位老师的带领下，中山大学地理科学与规划学院师生一行18人赴德国开展地理综合实习。科隆大学地理系的苏迪德教授、弗劳克·克拉斯教授和10名学生也参与了本次实习。本次实习的行程为：科隆—多特蒙德—鲁尔区—波恩—科隆—奥伯霍夫—柏林—沃尔夫斯堡—科隆。

2007年9月12—30日，在苏迪德教授和刘云刚教授的带领下，中山大学地理科学与规划学院师生一行19人赴德国开展第二次地理综合实习。本次实习以"全球背景下的德国城市"为主题，沿途经过柏林—汉堡—沃尔夫斯堡—鲁尔区—科隆—波恩—法兰克福—莱茵河沿岸—罗腾堡—拜罗伊特—慕尼黑—法兰克福，由北向南纵跨德国全境。

中山大学地理科学与规划学院 2009 年德国地理综合实习（编者自摄）

2009年9月3—19日，在林琳教授、李玲副教授和沈静副教授的带领下，中山大学地理科学与规划学院师生一行20人赴德国开展第三次地理综合实习，实习的主题是"全球化背景下的德国城市"，实习的行程为柏林—汉堡—沃尔夫斯堡—鲁尔区—科隆—波恩—莱茵河沿岸—法兰克福—罗腾堡—斯图加特—慕尼黑—法兰克福。科隆大学地理系的苏迪德教授、弗劳克·克拉斯教授和4名学生也参与了本次实习。

2017年8月9—23日，在苏迪德教授、刘晔教授、沈静副教授、罗明副教授和辅导员孟祥韵老师的带领下，中山大学地理科学与规划学院师生一行25人赴德国开展第四次地理综合实习。本次实习的主题是"跨国城市主义视角下德国的世界城市：空间结构、产业布局、文化遗产与生态环境"，实习的行程为柏林—维斯马—吕贝克—汉堡—沃尔夫斯堡—鲁尔区—科隆—波恩—特里尔—摩泽尔河谷—莱茵河谷—维尔茨堡—罗腾堡—法兰克福。

中山大学地理科学与规划学院2017年德国地理综合实习（编者自摄）

2018年8月10—25日，在刘晔教授的带领下，中山大学地理科学与规划学院师生一行20人赴德国开展第五次地理综合实习。本次实习的行程为柏林—吕贝克—汉堡—沃尔夫斯堡—鲁尔区—科隆—波恩—布吕尔—特里尔—莱茵河谷—科布伦茨—杜塞尔多夫。

参与了第五次德国地理综合实习的19位同学（黄翠盈、李晓纯、李思怡、缪贝儿、莫惠敏、崔子恬、钱雨昕、田红艳、魏嘉仪、陈子琦、于雯博、伍晓晴、李芷逸、骆铭浩、欧阳一轩、潘沐哲、管靖、林靖杰、李乔锋）为本实习教程提供了部分文字与图片素材。参与了第四次德国地理综合实习的4位同学（覃小菲、黄婷婷、刘玮琛和张航）协助完成了本实习教程的资料整理与编撰工作。

中山大学地理科学与规划学院2018年德国地理综合实习（编者自摄）

Foreword

Sun Yat-sen University's Geography Department, today's School of Geography and Planning, was from its beginning in 1929 marked by a clear transnationality, i.e. structures, processes, persons and ambitions that spanned national boundaries. Some illustrative details: Its first Director was the German geographer Wilhelm CREDNER, nominated by the Geneva-based League of Nations (the forerunner of today's United Nations) to serve as a professor at SYSU. He can be regarded as a typical representative of the relatively new university discipline Geography. It was an academic field that had been shaped (clearly inspired by Alexander v. HUMBOLDT's pathbreaking work almost a century earlier) during the late 19th / early 20th century by early so-called geography makers, such as Ferdinand v. RICHTHOFEN, Friedrich RATZEL and Alfred HETTNER All of them had done extensive travelling and research abroad, only to mention Asia, North and South America and Mediterranean countries. All of them strongly encouraged their students to study and do research outside their homelands. They shared a clear interest in a number of main thrusts, only to mention:

- Transnationalization (with regard to both teaching, research and institutional linkages)
- Comprehensive Geography, i.e. always bearing in mind strong interdependencies between nature and culture, but with a clear focus on Physical Geography
- Fieldwork-based research, directly transferred to teaching at all levels

It was this German legacy, Wolfgang CREDNER and his successor, the German Physical Geographer Wolfgang PANZER, brought to SYSU and taught to their Chinese students between 1929 and 1933. This heritage was partly traded down to the next generations, modified, of course, to adapt to Chinese needs during the pervasive historic disruptions from the mid-1930s almost to the end of the 20th century. However, it is not surprising that also other teaching and research approaches were adopted.

In the early 2000s, modern Anglo-American Geography curricula were widely regarded as convenient models of doing Geography. But, as a matter of fact, SYSU's Geography teachers also resumed some of the traditional approaches mentioned above. An increasing focus on domestic and boundary-crossing field trips re-emerged, clearly bearing in mind: Geography's objective is to study and understand differences of dealing with and shaping the planet's surface, and one excellent way to achieve this is by visiting foreign countries.

As already outlined by Prof. Xue in his introductory Foreword, the field-trip cooperation with the Institute of Geography of the University of Cologne was prepared as of 2002/2003. The first German group visited SYSU in the fall of 2004, well instructed during Prof. Xue's teaching spell at the University of Cologne earlier that summer. Led by Prof. Xue and some more Chinese teachers and students, the group visited mainly Guangzhou and some parts of Guangdong, an eye-opener for in particular German participants. Only a year later, the first Chinese group of students and teachers came to Cologne, getting the opportunity to explore parts of the Rhineland, the Ruhr Industrial area, the capital, Berlin, and Leipzig–a first window-opener for the Chinese students to a number of different worlds and ways of life experienced ever since in Europe and beyond. During the following years, I had the privilege to guide the School's students to Germany (and Canada, for that matter) a couple of times, the last one in 2018. Unfortunately, the trip to Germany that was planned for the autumn of 2020 had to be cancelled due to the pandemic situation in Germany.

Foreword

I emphatically share the positive aspects and experiences emphasized by Prof. Xue with regard to our Universities' Sino-German field trips and the exchange of both teachers and students since almost 20 years. And recent innovations, such as the new teaching and reporting format applied since 2017, have considerably increased the trips' professionality and didactic efficiency—as they have added to both the teaching and learning work load on both teachers and students, requiring quite a flexibility from all partners and institutions involved.

I hope that currently existing constraints will disappear quickly so that the field trips and other types of exchange and cooperation can be resumed shortly. With my best wishes for the future - and xie xie,

Prof. Dr. Dietrich Soyez

Professor Emeritus of Institute of Geography, University of Cologne

目录 CONTENTS

第一章 实习内容概述 / 1

　　第一节 实习内容简介及实习教程概要 / 2

　　第二节 德国概况 / 5

第二章 实习主题与主要内容 / 7

　　第一节 历史与现代的交融：当代柏林城市规划 / 8

　　　　一、冷战时期的柏林概况 / 9

　　　　二、两德分裂的空间印记 / 10

　　　　三、波茨坦广场的城市更新 / 17

　　　　四、小结：思考城市规划如何尊重历史 / 19

　　第二节 多元社区建设：柏林案例 / 20

　　　　一、社会住房社区：卡尔-莱吉恩社区 / 20

　　　　二、绅士化社区：普伦茨劳-贝格社区 / 21

　　　　三、土耳其族裔社区：克罗伊茨贝格 / 23

　　　　四、小结：对柏林多元社区建设的思考 / 25

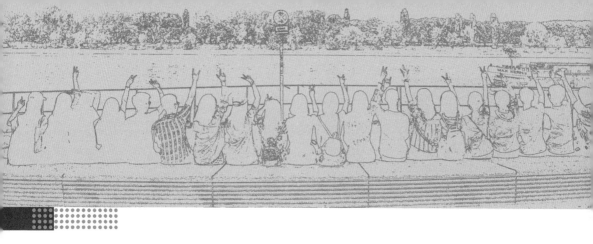

第三节 城市转型与全球城市发展：波恩案例 / 26

　一、波恩市概况 / 26

　二、波恩的优势 / 27

　三、波恩的转型之路 / 28

　四、重获新生的波恩 / 35

　五、小结：来自波恩的启示——从废都转变为全球城市 / 35

第四节 历史文化保护与城市综合发展：科隆案例 / 36

　一、科隆市概况 / 36

　二、科隆大教堂缓冲区与步行区的重建 / 38

　三、建设绿色生态城市 / 42

　四、小结：灵活采取科学可行的城市管理模式 / 44

第五节 从世界港口到世界城市：汉堡案例 / 45

　一、汉堡城市概况 / 45

　二、从世界港口到世界城市的转变 / 45

　三、汉堡与空客的全球生产网络 / 49

　四、小结：汉堡建设世界城市策略的借鉴意义 / 53

第六节 工业旅游：大众汽车城 / 54

　一、沃尔夫斯堡概况 / 54

　二、大众汽车城 / 55

　三、小结：沃尔夫斯堡的旅游发展带来的启示 / 59

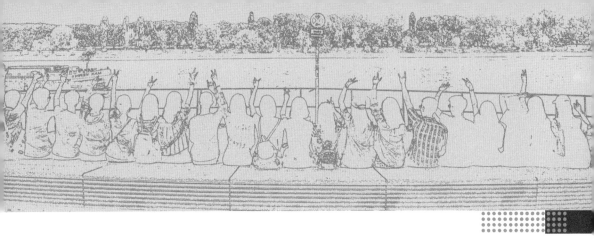

第七节　工业遗产保护和发展：鲁尔区复兴案例 / 59

　　一、鲁尔区概况 / 59

　　二、多特蒙德：钢铁交响乐的新乐章 / 61

　　三、埃森：从工业城市到绿色之都 / 68

　　四、杜伊斯堡：工业遗迹的功能改造 / 73

　　五、黑尔纳：治理与规划的典范 / 75

　　六、小结：鲁尔区老工业区转型的启示 / 77

第八节　特色小镇与区域发展 / 78

　　一、特里尔与马克思故居 / 78

　　二、摩泽尔河谷及其葡萄酒产业 / 81

　　三、索林根及其刀具产业 / 83

　　四、小结：德国特色小镇案例对中国发展特色小镇与乡村振兴的
　　　　启示 / 86

第九节　环境治理与生态修复：加兹韦勒矿场案例 / 87

　　一、褐煤的使用与面临的危机 / 88

　　二、德国的能源结构转型 / 89

　　三、小结：加兹韦勒矿场案例为中国资源型区域发展带来的
　　　　启示 / 94

第三章　注意事项 / 95

参考文献 / 98

第一章　实习内容概述

第一节　实习内容简介及实习教程概要

本实习教程旨在通过介绍具体的野外实习考查的案例，为人文地理学教师进行"全球化"和"后工业时代城市发展"主题的野外情境教学提供典型案例、主要知识点的介绍，以及具体的实习方案。同时，本实习教程也将为学生学习人文地理学知识提供具体的案例指引。

德国是欧洲开启工业化和城市化进程最早的国家之一，其资本主义文化底蕴深厚，跨国交流历史深远，是进行旅游地理学、城市地理学、经济地理学和生态环境发展等人文地理知识情境教学的典型案例地。同时，由于德国具有独特的后工业发展道路、自然环境保护和多元文化发展历程，在德国开展野外情境教学，能够直观地展示全球化和后工业时代的城市社会、经济和文化的发展路径。

德国实习日程共计14天（表1-1），主要参观考察德国的15个城市（图1-1）：柏林、吕贝克、汉堡、沃尔夫斯堡、多特蒙德、埃森、杜伊斯堡、伍珀塔尔、索林根、科隆、波恩、布吕尔、特里尔、科布伦茨和杜塞尔多夫。同时，考察了德国两大河流（摩泽尔河和莱茵河）流域的经济、文化和自然资源概况。

本次实习是人文地理学的综合实习，内容涵盖文化遗产保护、城市转型、多元文化发展、城市更新、自然资源与区域发展和后工业城市的生态治理等。本实习教程将通过具体案例的呈现，介绍如何通过具体的实习路线和参观点，使学生深入了解全球化和后工业时代背景下的政治动力、生态保护动力、经济动力和文化动力对地区发展的综合影响。

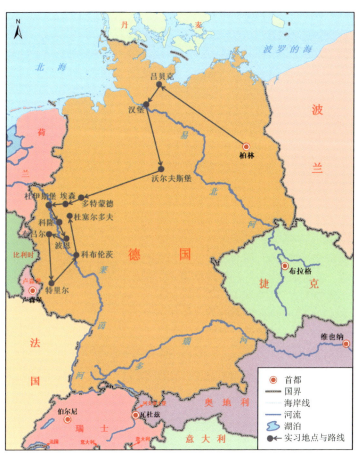

图 1-1 德国地理综合实习路线示意

表 1-1 德国地理综合实习日程安排[①]

时间	地点	地点简介	主要活动	主要知识点
第一至二天	柏林	德国首都和最大的城市，也是德国的政治、文化、交通和经济中心	城市概览	全球城市、社会空间分异、历史城市规划
第三天	吕贝克	北欧著名的旅游城市，也是汉萨城市联盟的中心	城市概览	工业地理

---

① 根据中山大学地理科学与规划学院2017—2018年开展的德国地理综合实习方案整理。

续表1-1

时间	地点	地点简介	主要活动	主要知识点
第四天	汉堡	德国第二大城市,德国最重要的海港、最大的外贸中心和第二金融中心,德国北部的经济和文化大都市	参观空中客车总装基地	全球生产网络
			参观港口新城	生态城市
第五天	沃尔夫斯堡	大众汽车总部所在地	参观大众汽车城	工业地理、全球商品网络
第六至八天	鲁尔区(多特蒙德、埃森、杜伊斯堡等)	多特蒙德拥有德国最大运河港。埃森是中世纪兴起的城市,是德国重要的钢铁生产地,现为鲁尔区代表性的文化中心。杜伊斯堡是中世纪商业城市,现为欧洲最大河港,以吞吐煤、铁矿石、石油、建筑材料等为主	参观工业遗产	工业遗产与工业地理
第九至十天	科隆	德国第四大城市,历史文化名城、重工业城市	参观科隆大教堂及其周边历史文化遗产、缓冲区	历史文化遗产、绿色城市
第十一天	波恩	曾是德意志联邦共和国首都	城市概览、参观联合国城	全球城市
第十二天	布吕尔、特里尔	布吕尔是世界文化遗产奥古斯塔斯堡城堡和法尔肯拉斯特城堡所在地。特里尔是伟大思想家马克思的故居所在地	城市概览、参观马克思故居	马克思主义的发源
第十三至十四天	摩泽尔河谷、莱茵河谷(科布伦茨、杜塞尔多夫等)	科布伦茨是德国重要的观光城市,位于莱茵河和摩泽尔河的交界处,拥有众多特色小镇。杜塞尔多夫是欧洲的物流中心城市。	参观一系列特色小镇	自然资源、自然景观与旅游地理学

第二节　德国概况

德国（全称"德意志联邦共和国"，英语：The Federal Republic of Germany，德语：Die Bundesrepublik Deutschland）在欧洲中部，是欧洲人口最多且与很多国家相邻的国家。其北侧是波罗的海与北海，南侧是阿尔卑斯山脉，周边有9个接壤的国家，分别是丹麦、荷兰、比利时、法国、卢森堡、瑞士、奥地利、捷克和波兰，国土面积约为35.8万平方千米。2019年，德国人口达8314.9万，其中国际移民103.3万人。[①]德国为联邦制国家，共有16个联邦州，联邦政府及16个州行政权及治理权独立，遵循议会民主制下的总理负责制。作为欧盟的重要成员国，德国与其欧洲伙伴在外交与安全政策、科研、数字化，以及气候保护等领域密切合作。以金融领域为例，德国采用欧元作为唯一合法货币，欧洲中央银行（European Central Bank，ECB）设置在法兰克福，体现了世界金融城市法兰克福在欧元区中的影响力。

德国的城市发展经历了5个时期：罗马时期（公元前50年至公元400年）、中世纪（5世纪至15世纪）、巴洛克时期（17世纪至18世纪早期）、工业化时期（19世纪中期至20世纪中期）、后工业化时期（第二次世界大战之后）。如今，德国是一个高度城市化和全球化的国家，其经济、政治、文化和生态发展模式无不凸显了全球互联的重要性。

[①] 联邦统计局（Statistisches Bundesamt），https://www.destatis.de/DE/Themen/Gesellschaft-Umwelt/Bevoelkerung/Bevoelkerungsstand/Tabellen/zensus-geschlecht-staatsangehoerigkeit-2019.html，访问日期：2020年6月1日。

第二章 实习主题与主要内容

第一节　历史与现代的交融：当代柏林城市规划

柏林的历史可以追溯到13世纪。之后，柏林的重要性与日俱增，从一个商人聚居区，相继成为普鲁士王国、德意志帝国、魏玛共和国等国家的首都。在第二次世界大战（以下简称"二战"）前，柏林曾是德意志帝国的政治、经济和科学中心，普鲁士王国的启蒙运动中心，魏玛共和国的国际都会，欧洲的工业中心，以及铁路网络中的重要交通枢纽。随着柏林的快速发展，旧的柏林市范围已经无法跟上城市发展的步伐。

1920年，魏玛共和国政府通过《大柏林法案》（*Greater Berlin Act*），柏林的城市面积得到大幅扩大（图2-1），柏林的发展进入黄金时代，成为欧洲大陆工业化程度最高的城市以及世界航空工业与航空研究的中心。此时的柏林新思潮、新艺术层出不穷，产生了独特的文化风情和国际化氛围，成为欧洲繁华的文化艺术之都。柏林洪堡大学成为欧洲主要的学术中心。与此同时，柏林在工业、经济和城市建设上已经能够与伦敦、纽约和巴黎并肩，成为国际性的政治、经济和文化中心，是世界上最具活力和影响力的城市之一。

后来的"二战"和冷战使柏林发生了天翻地覆的变化。柏林在"二战"中遭受重创，内城有超过三成的建筑物被毁，城市中很难找到一处完好的地方。原纳粹德国首都柏林被一分为二，分为东柏林与西柏林，而柏林墙的建立来自冷战期间美国和苏联的对抗，是"二战"后德国分裂和冷战的重要标志。除了柏林墙，国会大厦、亚历山大广场、卡尔·马克思大道、汉萨社区、弗里德里希大街也是两德分裂后的典型历史空间。两德统一后，德国将首都从波恩迁回柏林。本节将介绍这些历史空间的情况，并深入剖析德国首都规划如何处理城市更新与历史记忆之间的关系。

第二章 实习主题与主要内容

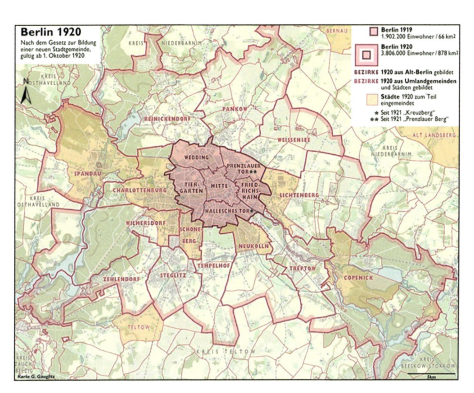

图 2-1 1920 年《大柏林法案》生效后的大柏林行政区划图

〔资料来源：柏林官网（https://www.berlin.de/stadplan/），访问日期：2020年6月2日。此插图系原文插图，其中▨柏林1919年（1,902,200居民/66km²），▢柏林1920年（3,806,000居民/878km²），**BEZIRKE** 1920年旧柏林组成，**BEZIRKE** 1920年由周围的社区和城市组成，▢1920年部分城镇〕

一、冷战时期的柏林概况

作为"二战"的发起国和战败国，德国在战争结束后遭到了苏联和美国瓜分，变成了两个德国：由苏联控制的德意志民主共和国（简称"民主德国"，也叫东德）和由美国控制的德意志联邦共和国（简称"联邦德国"，也叫西德）。在苏美冷战的大环境之下，民主德国通过"苏联模式"来治理国家，联邦德国则实行西方的资本主义制度。1961年，民主德国政府环绕西柏林边境修筑了全封闭边防系统，即柏林墙。柏林墙把西柏林地区如孤岛一般地包围封锁在民主德国范围之内，成为"二战"后德国分裂和苏美冷战的重要标志。

随着冷战时期两大阵营对峙局势的逐渐升级,柏林墙逐渐由最开始的以铁丝网和砖石为材料的边防围墙,发展成为由混凝土墙、沟壕、无差别扫射区[如波茨坦广场(Potsdamer Platz)]、地雷、水雷、反车辆沟壕等构成的16道防线。柏林的分裂导致其政治、工业、科学、艺术、文化和体育等大部分城市职能丧失,柏林完全失去了其世界城市的地位。分裂的历史给德国人民留下了惨痛的记忆。1989年东欧剧变之后,民主德国政府于11月9日宣布公民可以访问联邦德国和西柏林,当晚,柏林墙被迫开放。1990年6月,民主德国政府正式决定拆除柏林墙。同年10月3日,民主德国并入联邦德国,德国再度统一。

二、两德分裂的空间印记

(一)历史文化符号——柏林墙东边画廊

如今,位于柏林弗里德里希海茵区(Friedrichshain)磨坊街(Mühlenstrasse)的东边画廊(East Side Gallery)成为永久的纪念性露天画廊。该画廊具体位于柏林腓特烈斯海因-克罗伊茨贝格,沿着施普雷河一侧修筑(边界为施普雷河中心),全长1.3千米。柏林墙东边画廊因靠近东柏林市区的分界线,该段柏林墙遗址也被称作"腹地墙"(Hinterland Mauer)。

柏林墙倒塌以后,人们在一系列的暴力摧毁柏林墙历史痕迹的行动中逐渐清醒过来,并开始反思:是一味地逃避、反抗这段历史,还是以史为鉴,将其作为印记保留于城市中,提醒后人不再犯下类似的错误?显然,德国选择了后者。1990年,来自多个国家的涂鸦艺术家应德国政府邀请对柏林墙进行创作;1991年,柏林墙成为保护建筑。这是德国统一后由政府组织的一次公共艺术活动,在原来的历史遗迹上进行二次开发,在尊重历史的同时,也扩展了新的文化内涵。此后,柏林墙的墙面成为备受艺术家青睐的作画场所,许多喷画艺术家在上面留下了自己对于这一段历史的不同的认知与思考——或讽刺,或叙述,或哀悼。如此一来,柏林墙虽然倒塌,但它所纪念的和平精神却得到了延续和延伸。这为东边画廊成为日后柏林城市重要的历史场所与地标奠定了基础。2009年5月柏林墙全面修复时，作品中有六成左右被损毁，有三成被非营利组织保护了起来（图2-2至图2-5）。

起初，东边画廊上的涂鸦大多皆取材于当时人们翻过柏林墙的轶事以及对当时政治的揭露、不满与讽刺，用德国人的黑色幽默来重现当时的那段历史记忆。但自从德国政府组织涂鸦创作后，墙上的涂鸦主题越来越多元，从"对于自由与和平的渴望"延伸到"对人的关注与爱"。如今，尽管这段遗址仍然作为一个重要的冷战时期历史场所而存在，但由于其独特的文化基础，这段遗址逐渐成为象征和纪念自由的地方。这些画作赋予了这段柏林墙遗址不同的思想内涵，现已成为体现柏林多元文化的重要地标。

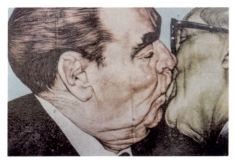

图2-2 东边画廊著名壁画《兄弟之吻》（编者自摄）

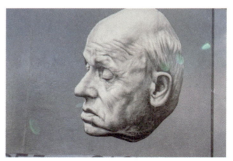

图2-3 东边画廊壁画1（编者自摄）

图2-4 东边画廊壁画2（编者自摄）

图2-5 东边画廊壁画3（编者自摄）

（二）历史反思与记忆传承——国会大厦

1990年两德统一后，位于新首都柏林的国会大厦（图2-6）重回政治活动中心。这座建筑包含多种风格，见证了多个德国历史转折点：在第一次世界大战（以下简称"一战"）后期，社会民主党议会主席谢德曼在此公布了民主共和国诞生的消息；1933年，希特勒借"国会纵火案"废止了

图2-6　国会大厦（编者自摄）

议会制，实行独裁统治；"二战"开始后，这里又变为纳粹布置军事战略的作战中心；直到1945年4月30日，苏军攻入柏林，并在国会大厦竖立红旗，最终德国向苏联无条件投降，标志着苏德战争的结束。

战后德国分裂，国会大厦陷入了政治漩涡。自20世纪五六十年代起，国会大厦曾举行了多项重要活动，包括联邦德国的总统选举、"德国历史问答展"、"纽伦堡审判"、"反军事化"、"反纳粹化"，以及"民主化"和"再教育"运动等，掀起了自上而下的"克服过去"——努力融入西方民主社会，以及自下而上的"清算过去"大思潮。在"二战"结束50周年时，来自美国的艺术家克里斯多夫妇采用银白色的材料将大厦包裹了14天，这意味着此处将要重新开始使用了。而在联邦议会重新入主该地后，顶部的圆形穹顶成为柏林全新的标志物。联邦议会在重启国会大厦时也进行了扩建以达成办公目的。大厦北侧的"保尔·吕博之家"是议员办公大楼及议会专业委员会会址，建筑呈高耸且薄的混凝土结构，现代风格强烈，同时与西侧总理府相对，通过栈桥与东侧的议会图书馆等咨询服务机构所在的"玛丽-伊丽莎白-吕德尔斯之家"相连。这次修缮后，议会大楼群与总理府从东西方向形成整体，改变了希特勒曾规划的南北纵向建筑设计。而后，国会大厦于1994

至1999年间进行了二次修缮，设计师为英国著名建筑师诺尔曼·福斯特。国会大厦在二次修缮后成为德国的最高宪政机构所在，也是一处开展历史教育的地方。国会大厦在德国统一后发挥了承上启下的关键作用，它让德国人民牢牢铭记历史，让民主深入人心，承载着德国甚至全球的可持续发展记忆，承担着义不容辞的历史职责。

（三）民主德国社会主义的橱窗——亚历山大广场与卡尔·马克思大道

亚历山大广场在"二战"中几乎被夷为平地。20世纪60年代，东柏林政府以其为核心开展建设，因此，亚历山大广场被称作"民主德国社会主义的橱窗"。绝大部分因"二战"被毁的历史建筑战后重建工作的开展受苏联政府意识形态影响，重建未能满足历史或文脉主义的原则（沈芊芊，2005a）。当时的东柏林政府并未关注建筑的多样性，同时也不希望建筑师的设计思路干扰城市的风格，而是想要创造出符合社会主义风格的城市环境。

1961年，民主德国政府将一座电视塔建在了亚历山大广场旁边，这一度是柏林最高的建筑物，在上面可以轻松浏览全城景观。这也是民主德国向联邦德国显示社会主义优越性的代表性建筑之一。

在亚历山大广场的东侧，是卡尔·马克思大道（Karl-Marx-Allee，图2-7），战前原名法兰克福大街，也曾被称为斯大林大道。该大道总长2.3千米，宽89米，大街两侧为一排排同样的八层公寓式房屋。它是"二战"后民主德国重建的样板工程，被喻为"欧洲最后一条伟大的街道"。1949年10月，德意志民主共和国在苏占区宣告成立，定都东柏林，西柏林则由美、英、法三国共管。同年12月，民主德国政府为庆贺斯大林七十寿辰，以领袖之名重新命名了法兰克福大街，竖起了斯大林塑像，并决定启动规模宏大的无产阶级住宅区建设计划，自此揭开了冷战中的东西柏林、两德和东西阵营间的城市建设竞赛。1951年隆冬，民主德国政府在柏林启动了国家建设计划，鼓励人们通过劳动换取福利，获得住房资格。卡尔·马克思大道两旁对称的几组建筑是被称为"工人宫"

图 2-7　卡尔·马克思大道（编者自摄）

（Arbeiterpaläste）的豪华住宅群，这些公寓大部分被优先分配给清理战后废墟的妇女、建筑工人和志愿者。由于建设东柏林时集中了各方面的资源，这些大楼全部采用中央供暖，居民普遍拥有私人厨房和贴有瓷砖的浴室、电梯、电话和热水，楼下餐馆、商店一应俱全。

（四）东西柏林斗争的体现——汉萨社区

汉萨社区（图2-8）是柏林的高尚繁华街区，在"二战"中一度被摧毁，今天看到的是"二战"后西欧旧城改造的产物。汉萨社区的重建，一方面是战后居住的客观需求，另一方面是冷战的产物。"二战"结束后，美苏两国在冷战中成为对手，柏林处于美苏争霸的风口浪尖。东柏林在卡

图 2-8　汉萨社区（编者自摄）

尔·马克思大道上兴建以"工人之家"为代表的民主德国住房，作为回应，西柏林则宣布重建毁于战火的汉萨社区。整个区域内的建筑属于联邦德国的样板房，社区内楼间距较小，与东柏林的社会主义住宅相比，更加私密、温馨。

汉萨社区的住宅楼与民主德国的住宅风格迥异。从外观造型上看，汉萨社区的住宅显然更具设计感，相比之下，民主德国住宅的外观千篇一律，风格更加朴素、统一；从外部空间设计上看，汉萨社区的公共空间略显狭小，但是绿化和景观设计独具特色，具备优秀的私密性，令在此处生活的人们感觉舒适；从住宅内部的空间设计上看，汉萨社区内各家各户都有自己的阳台，而卡尔·马克思大道两旁的住宅都是公共的阳台。

（五）批判性重建——弗里德里希大街

弗里德里希大街（图2-9）是柏林市中心作为城市中最长的南北中轴线之一的传统商业街，北端是老米特区，南端是克罗伊茨贝格（Kreuzberg）区的哈勒门（Hallesches Tor）。位于弗里德里希大街的查理检查站是冷战时期

图2-9　弗里德里希大街街景（编者自摄）

东西柏林间三个边境检查站之一（该检查站由盟军的相关人员使用），检查站北侧是东柏林，南侧则是西柏林。拆除柏林墙后，该检查站也被拆除，后来又重建成为重点旅游景点。弗里德里希大街在"二战"中受损严重，在柏林分治时也未得到充分的恢复。在西柏林的一部分街道被重建为住宅街，而在东柏林的则进行了拓宽。弗里德里希大街的重建工程受到"施迪曼原则"的影响，是柏林"批判性重建"的延续和发展（博登沙茨 等，2016）。由于获得了前民主德国政府的资源，政府拥有大部分地块的所有权，所以私人投资者对重建是很难涉足的，一些政府规划因而可以严格实施。

弗里德里希大街重建于20世纪90年代。在建筑层面上，为尊重历史环境，弗里德里希大街新建筑的檐口线高度规定不能超过22米，建筑的总高度不能超过30米，因此，建筑高度在22～30米的部分采用退台的手法进行设计，使新建筑的长宽不超过老街区的尺度。在单体建筑的设计方面，政府希望有更多的建筑风格，既要尊重历史，又要体现时代特点，很多世界著名的建筑师及其事务所都参与了设计，其中包括让·努韦尔、菲利普·约翰逊、贝聿铭和翁格尔斯等。在功能层面上，重建项目规定新建筑中要有超过两成的建筑面积是用于居住的，以此促成城市功能多样化并使城市焕发活力，避免简单地对城市进行功能分区。在城市设计层面，基本延续了弗里德里希大街原有的路网格局和街道尺度，在保留其城市主干道功能的同时，需要修筑更多的道路或者地下停车场等辅助设施以减少交通拥堵。在弗里德里希大街的一些重要历史街区，封闭或半开敞式庭院的城市空间形式得到功能复合与更新。例如，弗里德里希大街将住宅与商业办公融入周遭的街区设计中，以激发其活力。

弗里德里希大街的重建兼顾历史风格与结构设计，它批判现代主义的城市设计，提高了现有城市空间的开发强度，鼓励新的都市中产阶级选择在内城居住，在促进功能混合的同时克服功能分离，认可其作为城市中心存在的重要价值，推动了东西柏林的发展和融合。如今，其国际化的氛围和来自全球的商品使其成为柏林最受欢迎的购物目的地之一，这不禁令人想到纽约的第五大道。

三、波茨坦广场的城市更新

城市更新运动源自"二战"后西方开启的城市二次修建活动，粗暴的摧毁重建打破了城市原有的社会肌理和内部空间的完整性，因而受到广泛的质疑和反思（Barnikov et al., 1989）。"城市更新"（urban regeneration）最初代表没落后的西方国家的工业城市恢复城市活力的一种策略，通过改善内城和人口减少地区的城市环境，以促进经济增长并恢复城市活力，令其竞争力提升。而如今中国的城市更新是立足于对工业化进展的推动、在改变了经济结构以及社会出现重大变革的环境中进行空间与文化的调整。这不仅意味着要面临许多过去存在的物质性老化现象，还需要面对结构性和功能性衰退的问题，以及要考虑与之相伴而来的历史文化环境和传统人文环境的保护及继承问题（阳建强、吴明伟，1999）。

关于城市更新，波茨坦广场的重建就是一个经典案例。波茨坦广场与莱比锡广场在历史上是柏林的文化与生活中心。"二战"期间，同盟国军队的轰炸摧毁了这里80%以上的建筑。1961年，柏林墙将其贯穿，这里变为无人区。当柏林墙倒塌并且柏林再次统一后，波茨坦广场再次与四周合为一体，广阔空地的开发曾创造出"当今欧洲最大的工地现场"的记录——有4000多名工人同时在施工。当时的柏林政府将波茨坦广场的土地以拍卖的方式卖给了多家跨国公司，如戴姆勒·克莱斯勒（Daimler Chrisler）、索尼（Sony）、阿西亚·布朗·波威利（ABB）等。在多家企业的资本注入之下，波茨坦广场迅速崛起，成为柏林的重建重点地区，试图将其打造成既富有新时代气息，又兼顾历史烙印的地方。

1990年年初，柏林市政府就波茨坦广场的规划设计向全世界的设计师发出邀请。来自德国慕尼黑的建筑师希尔默和萨特勒最终拔得头筹。其设计的方案将德国的传统风格纳入考虑范围，体现了德国一直以来的严谨风格。方案采用了过去莱比锡广场的八角形，将街区设计为整齐的风格，并且应开发商的规定，把建筑的高度上升至35米（后改为28米）。方案在设计街道与建筑时则采取了紧凑的方块形式，以小的方块建筑为基本单元，并基于该单元设定出不同的功能分区，如商场、剧院等。观察道路的特点可以发现，方案希望以又窄又短的街道对基本单元实施分割，从而使街道可以通往各个地方。而从其设计思路来看，正如韦林（Heinrich Wefing）所评价的，该方案体现的理念是维持"欧洲城市简洁而复杂的空间"，而非"美国的摩天大楼"概念。这与"保留大部分原轴网以期体现1940年前规划的空间构成元素"的"批判性重建"思想契合，而"从18世纪的柏林城中汲取城市特征"作为"21世纪新柏林的标志"的规划理念慢慢深入人心（赵力，2004）。在现代城市的规划思路引导下，波茨坦广场或新建或老旧的建筑都参与到对公共空间的构造中，由此形成了一个统一而富有变化的城市中心整体形象。波茨坦广场城市更新方案特点见表2-1。

表2-1 波茨坦广场城市更新方案特点

层面	内容
设计内涵和文化	注重传统，反映文化
规划形态	八角形状，整齐划一的街块，建设基本单元
街道特征	放射型街道分割基本单元
规划思想	维护"简洁而复杂的空间"，"批判性重建"

在确定波茨坦广场城市设计总体方案后，依照各开发商的用地划分，政府又举行了各个区域的设计方案招标。日本索尼公司拥有的区块（图2-10街道左侧建筑）由赫尔穆特·杨（Helmate Jahn）中标，戴姆勒·克莱斯勒公司拥有的区块（图2-10街道右侧建筑）由伦佐·皮亚诺（Renzo Piano）中标，阿西亚·布朗·波威利和特伦诺公司拥有的A+T区块由戈拉西（Giorgio Grassi）中标。

图2-10 波茨坦广场（编者自摄）

但是，在波茨坦广场的更新项目上，出现了上位规划与实施建设"抢行"的问题。受市场经济利益的驱使和审批体制机制的限制，当波茨坦广场开始具体开发建设时，还没有通过"应先行"的城市总体规划。这不仅导致因财产所有权不明确而引发了纠纷，更使得投资商在缺乏法定城市规划约束的情况下，恣意打破先定的规划这一状况在索尼区块突破建筑限高等事宜的争议方面显得尤为突出。上述过程主要存在以下两个方面的问题。

第一，未能处理好传统与创新的辩证统一关系。建筑师为了早日通过规划审批而牺牲了创造性。还有激进者表示，波茨坦广场的设计方案为了维护"欧洲城市简洁而复杂的空间"，导致城市给人一种古板、僵硬的印象，仅仅保留了"大部分原来的城市网格"和"整个城市的肌理的连续性和逻辑性"，没有任何创新，是"对思想的大屠杀"。

第二，市民参与感不足。波茨坦广场的城市设计只是为了体现国家与企业形象，而没有将市民的感受纳入计划。这种不注重市民感受的规划是难以奏效的。索尼和奔驰公司的建筑是为了游客而非为柏林居民所建，因此，这些建筑并不能重现具有波茨坦广场特色的生机勃勃的都市景观。

四、小结：思考城市规划如何尊重历史

城市的历史是一座城市的灵魂所在，它反映了城市在社会、经济、政治、文化等方方面面的变迁。从第一个获得国际公认的城市规划纲领性文件《雅典宪章》，到《马丘比丘宪章》《内罗毕建议》《华盛顿宪章》，始终强调了城市的发展应该与其历史相关联（沈芊芊，2005a；博登沙茨 等，2016）。随着不断加快的城市化进程，当今的城市建设者不可避免地面临历史场所的更新这一重要课题，并体现在都市人对土地、基础设施等需求的日益增长与历史环境历经多年发展呈现出的复杂性之间的矛盾上。在现有的案例中总有不尽如人意的结果——过度建设导致历史文脉被忽略，城市变得千篇一律，抑或历史被生硬地拼接还原，成为城市角落中不为人们所注目的静态"摆设"（夏青，2000）。

"二战"后，柏林不仅要进行城市重建，还要思考如何进行城市遗

产修复。柏林的城市重建历经艰辛，但最终获得了成功（单瑞琦、张松，2017）。柏林分裂的历史造成城市景观、公共设施以及社会心理文化的分裂与冲突，如何处理历史割裂格局是城市规划者需要面对的问题。同时，柏林在合并后需要承担的政治中心责任与全球化进程下的城市发展新目标也为城市更新重建带来更多挑战。面对以上局面，柏林城市规划者对历史的连续性极为强调，遵从批判性重建原则，通过恢复传统欧洲城市特色、尊重历史遗产的方式重建柏林，对老城区的历史环境给予充分保护；对有价值的老建筑采取保护外立面不变的功能置换；对新建区域则注重历史的格局与肌理，注重增加绿化面积与公共空间，控制建筑高度与建筑密度。这种思路是20世纪城市规划与建筑领域思潮不断更新的结果。

如何处理好城市修缮、建设与其历史之间的关系，是城市建设所要面临与解决的问题。在柏林的案例之中，德国人对历史的尊重以及保护的策略值得我们进一步研究与借鉴。

第二节　多元社区建设：柏林案例

本节选取三个典型社区作为案例，阐述柏林基于多元文化社区建设的现状。这些典型社区包括：魏玛共和国（1918—1933年采用共和宪政政体的德国）时期的社会住房社区卡尔-莱吉恩（Wohnstadt Carl Legien）、绅士化社区普伦茨劳-贝格（Prenzlauer Berg）和土耳其族裔社区克罗伊茨贝格（Kreuzberg）。

一、社会住房社区：卡尔-莱吉恩社区

2008年7月，联合国教科文组织认定了柏林的六个现代住宅区为世界文化遗产，它们分别呈现出柏林曾经不同的都市分区结构。卡尔-莱吉恩社区就是这六个住宅区中的一个。卡尔-莱吉恩社区（图2-11）位于东柏林，建于1928年至1930年，由设计师布鲁诺·陶特主持设计，是一个由政府主导建

设的社会住房社区。该社区代表了战后社群住宅区的主要形态，其建筑造型和社区规划均引领了20世纪都市房屋的走向。该社区的建筑设计理念非常人性化，住宅楼可以容纳上百户的住户，很好地解决了普通市民的住房问题。此外，住宅楼的内部设施如浴室、供暖、阳台等一应俱全。这是一个非常大的变革，因为当时德国普通家庭的住宅中并没有专门的浴室。从社区整体的规划设计上，可以看出这一住宅项目对楼间距、通风、采光等方面也比较重视，楼与楼之间有足够的空间可供居民休闲娱乐。

图2-11　卡尔-莱吉恩社区（编者自摄）

该社区建设之初衷是为大量的工人提供住宅，其面向的群体主要是较低的社会阶层，其房屋价格也普遍偏低。走进社区，可以很明显地观察到建筑的外观平淡无奇，既没有精美的花饰，也没有各式的雕刻，千篇一律的板式外观让整个社区显得有一丝沉闷。这与它最初面向低收入群体的定位是相符合的，毕竟工人阶级更强调的是实用性。受区位条件和房屋质量的限制，如今该地区的房屋价格依然较低。

二、绅士化社区：普伦茨劳-贝格社区

绅士化，是指原本由低收入人群居住的区域因中高收入人群的加入而产生的整体区域的转变（Hamnett & Williams，1980；Ley，1986）。虽然绅士化的现象在欧美很多地方都能见到，而且各有各的转变形式，但总体来看依旧离不开起始、发展和成熟这三部曲，且每个环节各具特色：在起始阶段，因为原有的文化氛围以及可获得的房屋吸引了新的居住者，初步开始绅士化的社区会吸引一些高收入的居民加入（顾朝林，2012；赵荣 等，2006；许

学强 等，2009）；在发展阶段，由于有更多高收入人口与家庭的加入，原住民的文化元素不再占据主导，从而出现显著的人口替代效应，并且其速度也越来越快；而当原住民开始减少，绅士化转入成熟阶段，该阶段特征是人口迁入、迁出速度减缓，人口替代作用不再明显，有新的社区文化形成，早期的一部分迁入者也开始迁出社区。一直到新加入的居民彻底取代了原来的居民后，整个过程才宣告结束，同时这也可以算作一段新转变的开端（薛德升，1999）。

普伦茨劳–贝格社区是一个快速绅士化现象显著的社区（图2-12）。该区域内房屋的建筑体量相似，但是外观风格多样、造型各异。在冷战时期，这里属于公租房，居住的大多是异教分子、激进学生和无政府主义者等没有固定经济来源、无力支付高昂房租的底层人群。冷战之后，该区域实现了私有化。凭借其多元的建筑风格，该社区越来越受到人们的关注。为了更加吸引租户，许多房东将房屋重新粉刷，租金也相应有所提高。同时，越

图2-12　普伦茨劳–贝格社区（编者自摄）

来越多的原租客因无力支付日渐升高的房租，不得不搬出这个社区，而越来越多有实力的中产阶级迁入，使整个社区的居民的社会层次在此过程中逐渐提高，出现了城市绅士化现象。

在与当地居民交谈的过程中可以发现，该社区居民的日常生活与其他社区相比更加丰富，多样的夜生活已经成为这个社区的标签。究其原因，如今社区内居住的人口很大一部分属于青壮年劳动力，他们大多处于25岁至45岁之间，有一定的经济实力，且崇尚个性的文化消费，因而形成了整个区域丰富多元的文化生活。相关统计数据显示，普伦茨劳–贝格社区在该年龄段的人口比例远高于柏林市的平均水平（Schiller et al.，2010）。

三、土耳其族裔社区：克罗伊茨贝格

"二战"的重大历史影响和多元文化的涌入，成为柏林城市发展的重要影响因素。多元文化政策是指维持不同文化或种族特征不被社会"主流"文化所同化的政策（Gregory et al.，2011）。这些政策通常被限定在教育和艺术方面，但也有一些政策涉及的领域更为广泛。在多元文化国家，各民族文化在此发光发热，同时又各自独立。多元文化社会的愿景是不同的民族在保持各自的文化认同和民族身份的同时还享有充分的平等，其追求的理念是平等和正义（Childers，1995）。

"二战"之后，为了满足经济发展状况对劳工的迫切需求，联邦德国开始从欧洲南部的巴尔干半岛、利比里亚半岛、亚平宁半岛，以及土耳其等国家招募外籍劳工。同时，已经移居德国的外国人均可办理家属和亲属的来德手续。因此，外国人的子女不断增加，在德的外国人开始呈现移民定居的倾向。由于外来移民与德国人在生活方式、文化背景、价值观、行为方式和思维方式等方面存在差异和冲突，德国政府迫切需要处理移民社会的整合问题。

克罗伊茨贝格社区（图2-13）是一个典型的土耳其族裔社区（族裔社区是指其中所住的居民主要来自同一民族或种族，具有独特的空间和文化特征的聚居区），该社区拥有典型的族裔经济特征。族裔经济的内涵包括两方面：一是所有权，指少数族裔拥有和经营的企业；二是控制权，指少数族裔所控制的招聘渠道。因此，族裔经济拥有所有制和就业网的双重性（周春山、杨高，2017）。他们开发了移民网络并将信息转化为有形资源来进行社会互动，从而降低了交流成本。这些信息包括就业信息、政府援助计划和经济适用房信息等，从而催生了一系列的配套行业（比如土耳其航空）。相比于德国人提供的服务，该社区的土耳其居民更相信自己的族裔所提供的服务，这也集中体现了土耳其人"聚居"的过程及其相关服务行业的形成过程。

图 2-13　克罗伊茨贝格社区（编者自摄）

　　移民集聚区的族裔经济也具有多方面的影响：一方面，族裔经济加强了两个国家的联系。移民在德国获得了资金或者物质满足后，有可能会回到土耳其或是将钱物邮寄回国，即"望乡"，也有可能是举家搬迁至德国（即"家庭团聚式"移民）。这种迁移行为在一定程度上促进了交通和咨询等业务的发展，强化了跨国移民的多重社会场域。另一方面，族裔经济模式也限制了移民的增长与向上流动。在德国目前紧缩的移民政策下，土耳其社区已经趋于饱和，再次出现大规模移民的可能性微乎其微。同时，已经在德国工作的移民也很难向社会的上层流动，这种现状将他们与主流的经济体分割开来，使他们很难从移民行为中真正获益。对于土耳其本国而言，虽然跨国主义的参与者有限，但是，这些移民已经推动了国家经济和社会的重大变迁，使土耳其对德国产生了一定的经济依赖。

　　对于第一代土耳其移民而言，他们认为自己只是为了工作而离开家乡来到德国，并不算是移民。他们所居住社区的医院和学校等基础设施比较齐备，文化环境相较本国并没有很大的区别。许多土耳其移民不能熟练使用德语甚至完全不懂德语，他们主要接受的是普通教育，上大学的机会很少。他们的娱乐方式也很有限，通常在房屋顶部加装天线才能收看本国的电视节目。在经过了两德统一后的宽松政策之后，近年来，德国移民政策开始收紧。这对于土耳其移民来说是很不好的消息：他们将自己的青春献给了德国，但是在老去以后却没有得到德国政府的重视；他们被"滞留"在德国，子女教育、养老等成为很大的问题，就业率也急剧下降。他们也因此成了德国的不稳定成分，众多的无业游民、瘾君子、乞丐在土耳其社区集聚。

然而，对于第二代移民来说，情况要好得多。德国的幼儿教育并不强制要求使用德语，但在小学之后的教育体系中对于德语的要求就比较高。因此，相比于他们的父母，二代移民融入德国的程度提高了很多，这也是第一代移民们愿意来到德国的原因之一，即让他们的子女成为真正的德国人，享受德国的高福利等（周春山、杨高，2017）。但是，这些土耳其裔的德国人永远也无法得到德国本地人的高度认可，也没有办法享受德国重建的成果。原因主要有三个方面。第一，他们所从事的工作较为底层。土耳其移民大多在德国从事蓝领工作。土耳其男性移民主要从事劳动强度大、又脏又累的工作，如建筑工、工厂工人、垃圾搬运工等；女性移民则通常从事清洁等工作。他们不仅收入低下，而且失业率也一直在上升。所以在德国人心里，"土耳其裔=蓝领"。第二，土耳其是伊斯兰教国家，德国则是天主教国家，两大宗教一直处于冲突与矛盾之中。第三，即便是社会融入情况较好的第二代土耳其移民，他们所受到的教育仍然是有限的，相比于其他外来移民（包括亚洲、美洲与非洲移民），土耳其人的融入效果是最差的，这与其青少年之中有高达30%的人没有完成中学教育有较大关系（李艳枝，2008；刘群艺，2016）。

四、小结：对柏林多元社区建设的思考

本节中的柏林社区规划的经验十分具有借鉴意义，在建设社会住房和以绅士化引导社区建设方面，柏林更成为多元社区建设的典型案例。然而，柏林案例最值得讨论的是族裔社区带来的难题。移民聚居区的消极反作用使社区建设显得尤其必要，族裔社区的经济特征和空间效应则是其更新的重要落脚点。如在移民社区内形成多功能分区，且与跨国网络保持不同程度的联系，以构建独特的地方景观，促进城市的内城复兴等的特征和功能。因此，更好地认识、了解和管治移民聚居区也成为城市更新的重要组成部分。

第三节　城市转型与全球城市发展：波恩案例

一、波恩市概况

波恩是德国莱茵河流域中部城市，由波恩老城区、博伊尔工业区、哥德斯堡区和哈特贝格区组成，总面积约490平方千米，是前联邦德国的首都。波恩与莱茵河流域的大多数城市一样，位于莱茵河的左岸。莱茵河是波恩的天堑。由于波恩地势较高，比莱茵河高出15米左右，所以不受洪水威胁。波恩西侧是一大片沼泽地，是一面有效的屏障。因此，波恩在历史上是一个战略要地（佚名，1978）。

在"二战"后的约50年中，波恩作为联邦德国的首都，联邦政府机构和很多外国政府机构均在此办公，波恩建立了德国与世界各国交流沟通的桥梁，被称为德国的"外交之都"。同时，世界也因此知道了波恩，这也标志着德国重新融入国际社会并与之重新建立良好联系（梅琳、薛德升，2011）。1991年，两德合并后，柏林再次成为德国首都。这对波恩的经济发展、社会就业和城市建设产生了重大冲击。首都地位的丧失和行政部门的迁移产生了350万平方米的空置办公用房，31万人口的城市就有3.5万人失去工作岗位，包括联邦政府和议会在内的各大政治机构流失岗位共达21890个（北京市计委赴德国宏观经济管理培训考察团，2003）。因此，许多人都觉得波恩这个城市再也不能焕发活力了。

不再是首都且城市的功能发生改变以后，波恩没有为了挽回而盲目注入大量资金来进行城市转型，而是抓住了20世纪90年代末全球化的绝佳机遇，吸引众多国际组织进驻波恩以提升其国际化程度，从而成功将城市功能转型并成为全球城市。了解波恩的城市转型过程，可以帮助我们重新理解"全球—地方"之间的关系。作为一个全球化极为生动的案例，波恩的全球化和全球城市的建设为全球化对城市功能的影响做了理想的注脚。

二、波恩的优势

困境当前,波恩人民明白自己不需要消极对待,因为波恩自身有着强大的发展优势。

(一)悠久的历史,丰富的文化

波恩的历史可以追溯至2000年前,其拥有热衷于创新的城市内涵,也受到众多名人所青睐。例如,音乐家贝多芬诞生于此,马克思和海涅曾在此求学,作曲家舒曼与文学家席勒也曾在此度过人生最后的时光。

(二)德国传统的交通中心

波恩是德国的交通中心,也是莱茵河最重要的港口。波恩总共设立了4个渡口,每天的货物流量惊人;此处的铁路系统堪称欧洲最繁忙的线路,汇聚了多条铁路线,同时也是国际铁路的始发终到站;城外的高速公路通往全国,特别是在2004年开通的科隆至波恩航空港,以及德国发达的高速公路系统,令波恩成为德国重要的交通枢纽之一(梅琳,2012)。

"二战"后,波恩主要发展郊区,对市区不注意改造,因此市区街道狭窄,时常发生交通堵塞。1960年,波恩每1000个居民平均汽车拥有量为178辆,居全国第一;而平均每辆汽车能够使用的街道只有13平方米,在全国位列倒数第一。为了改善波恩的交通问题,政府决定发展地下交通,将市区的联邦铁路线改在地下,同时,将原火车站改建为一个由地下车站、地下汽车库和地下大厅组合而成的综合设施。

(三)丰富的国际交流资源

波恩作为首都时,留下了许多国际资源,也获得了国际经验与名声。此处设立的国际机构和使馆让城市具备了国际化的特征。据统计,在波恩有超过150个国家的使馆,使馆所在区域在各个方面都表现出多种文化交织的氛围(梅琳,2012)。与此同时,波恩地区的劳动力素质优异,考核与培训细致,专业能力极为出众。以高效、高质举办各类活动著称的波恩,其国际化的形象搭配上美丽的自然景观,让很多国际人才对这座城市充满了向往。

（四）良好的城市规划

作为首都时，波恩进行了良好的城市规划与建设，为其之后的转型打下了基础，提供了良好的发展环境。波恩因地理条件的限制，城市建设只能沿莱茵河与沼泽地之间的狭长地带发展。为了减轻市区的沉重负担，波恩在旧城以西和西北建设了两个住宅区，在东南建设了一个政府机关区。可是，这些措施都不足以解决波恩面临的问题。为此，政府决定扩大波恩的行政区域，把波恩东南的巴特哥德斯堡以及鲍伊尔等10个市镇划入波恩市，使波恩的面积扩大到490平方千米（佚名，1978）。行政区域扩大后，波恩市政府决定在西南方向建立一个卫星城，以分散波恩的人口。

20世纪70年代，波恩市将发展绿色空间视为城市发展的一条重要原则。因此，30万人口的波恩配备了1200个大大小小的公园，步行道四通八达，按几何图形栽植树木；斜坡专门为日光浴者准备，混合栽有榆、橡、白杨等多种树木，地表全部覆盖绿草（徐艳文，2010）。

同时，波恩市区的工业较少。波恩在科隆工业区内，距离科隆只有约30千米，与重工业基地鲁尔区也只有数十分钟的火车路程。但波恩只有少量工业企业，并且主要是污染较少的轻工业。波恩附近盛产棉花与水果，棉纺工业、酿酒工业较发达。作为首都期间，波恩的印刷业也有很大发展。与其他城市相比，波恩的工业企业大都在郊区。据统计，波恩只有33%的生产企业职工在市区上班，而在鲁尔区各工业城市，这一比例高达77%（佚名，1978），少数城市如吕贝克、奥尔登堡则高达92%。与此相适应，波恩的服务业在郊区的比重更高，如商业、交通运输、通讯等部门有40%以上在郊区，而鲁尔区各工业城市只有15%。

三、波恩的转型之路

在城市退化之际，政府依照波恩具有的发展特征和优势，进一步优化和调整其城市功能结构，使波恩成为具有国际化影响力的现代化都市。其主要策略包括以下四个方面。

（一）建设"第二首都"

大部分联邦部门和各国大使馆迁到柏林后，德国各级政府积极制定政策，推动波恩（图2-14）转型为德国的"第二首都"。其中，联邦政府发挥着重大作用。联邦政府在1994通过了《柏林-波恩法案》，规定6个联邦部门以法律形式留在波恩，在柏林的联邦工作人员的数量也不得超过波恩。与此同时，一些联邦机构也从柏林和法兰克福迁至波恩。

图 2-14　波恩市容（编者自摄）

1994年，联邦议会决定投入14.3亿欧元以协调、保障波恩的转型和发展；1995年，《区域战略规划条例》提出了波恩城市转型的五大城市定位，分别为联邦城市、科研城市、现代服务中心、文化之都和国际城市。这些都有利于波恩的长远和健康发展。

作为城市的直接管理者，地方政府对波恩的转型发展做出了许多贡献。2002年，在6个联合国机构进驻波恩后，地方政府为吸引跨国机构来到波恩，与联邦政府和州政府共同签订了《贝尔维协议》，以优化基础设施建设、塑造城市形象（梅琳 等，2014）。

以上举措确定了波恩的基本发展方针和发展方向，使波恩成功转型为德国的"第二首都"。

（二）发展科教文化行业

波恩在科研与教育方面经验丰富，其中，有代表性的是历史悠久、规模宏大的波恩大学（图2-15）。它是德国大型高校、研究型高校联盟——U15大学联盟的重要成员，也是由牛津大学于1990年牵头成立的欧洲大学联盟的重要创始成员，曾培养出7位诺贝尔奖得主。波恩大学没有固定的校园，而是分散在波恩市内的不同地方。

图2-15　波恩大学主教楼（编者自摄）

一方面，政府近年不断将精力投注于教育科研领域，且将约60%的政府补偿资金（14.3亿欧元）都用于此。2016年，仅波恩大学的平时开销就高达5.7亿欧元。另一方面，波恩充分利用其大学的优势，创建高级科研中心。除了波恩大学以外，波恩-莱茵-西格应用技术大学、莱阿学院、发展研究中心和欧洲一体化研究中心等皆坐落于波恩。同时，波恩也拥有世界著名的大型科研机构，如欧洲高级研究中心、弗朗霍夫研究中心、德国航空航天中心、应用自然科学研究会、德国科学研究联合会、亚历山大洪堡基金会、德国学术交流中心和马克斯·普朗克数学与射电天文研究所等。波恩拥有强大的科技实力，通过利用和借鉴这些研究机构的科技成果和先进技术，服务于全社会和全世界（北京市计委赴德国宏观经济管理培训考察团，2003）。这些研究机构不但大大增强了波恩的科研实力和创新能力，还为波恩提供了许多就业岗位。加上大学附属的医院，波恩大学是波恩市提供就业机会最多的雇主之一，大大缓解了波恩的就业压力。

在文化发展方面，2000多年的发展历史使得波恩拥有极其优秀的精神与物质遗产。波恩市政府也充分发挥这些优势，打造出一个文化中心城市。波恩注重文化遗产的保护，这也为当地旅游业的发展提供了契机。波恩市内有许多古老建筑，如波恩大教堂（图2-16）、选帝侯宫等。波恩的节庆活动十分丰富。作为莱茵狂欢节的中心，在狂欢节的高潮——玫瑰星期一，波恩各个行政区都会有游行活动，区域内的小城镇都有自己的游行队伍和乐队。此外，贝多芬音乐节、莱茵焰火节、莱茵文化节等特色活动，都使得波恩的文化生活更加丰富。波恩还拥有30多个博物馆，仅在波恩大学内，就有计算博物馆、学术艺术博物馆、麻醉博物馆等。波恩是著名音乐家贝多芬的出生地，音乐家舒曼也在波恩度过了人生中的最后几年，他们的故居如今成为波恩著名的旅游景点。

图2-16　波恩大教堂（编者自摄）

（三）跨国机构与国际城市的建立

为了令波恩始终具备优秀的国际竞争力，政府采取了税收优惠、搭建平台以及无偿提供办公用地等各类方式，使波恩在争取包括联合国在内的跨国组织和机构时具备极强的竞争力。德国转移首都后，波恩留下了很多空置的建筑，在经过一系列修缮工作后被用作跨国非政府组织的办公楼。过去的外交之都现在是联合国园区，城市主干道四周聚集了越来越多的跨国机构（图2-17）。

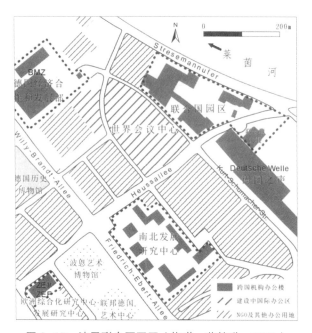

图2-17 波恩联合国园区（梅琳、薛德升，2011）

在联合国园区，有联合国志愿人员组织、联合国气候框架协议秘书处、联合国反沙漠化协议秘书处等18个联合国机构（如图2-18、图2-19所示，分别为联合国大楼、世界会议中心）。此外，波恩还有150多个跨国非政府组织和众多著名的国际学术研究机构，如欧洲Dialog组织、和平研究组织、CSI会议协会等。现有研究表明，国际组织的进入可以提升国际组织所在城市的国际化水平，推动城市资源整合，而且使国家获得主场优势，实现宣传国家的作用（于宏源、练姗姗，2017）。波恩利用优越的办公设施、欧洲交通枢纽的区位优势、配套的国际学校、专门的安全措施、免税和外交豁免权等，吸引了众多国际组织的进入（于宏源、练姗姗，2017）。"如何建立广泛的国际合作"已经成为跨国机构以及各级政府、企业和其他行动者各自利益相关的关键问题。各种不同的行动者在波恩产生了错综复杂的网络关系，处于权力中心的行动者可能会在具体行动中产生异议、破坏网络，但正是在

图2-18 联合国大楼（编者自摄）

图2-19 世界会议中心（编者自摄）

解决冲突和矛盾的过程中，网络变得更加成熟，不同行动者在网络中获得更多的利益（梅琳 等，2014）。

为了吸引更多的跨国机构，波恩主要采取了开展合作项目、建立长期合作关系的征召方式。自1996年国际志愿者组织（UNV）、《联合国气候变化框架公约》（UNFCCC）秘书处、《联合国防治荒漠化公约》（UNCCD）秘书处等联合国机构进驻波恩后，联合国机构通过项目合作的方式与其他组织建立普遍的合作关系。通过正式与非正式接触，加强了行动者的互动交流。通过国际会议、大型研讨会、展会等正式活动的举办，以及庆典、酒会、聚餐等非正式活动的组织，驻扎在波恩的众多跨国组织、科研机构、联邦机构及跨国公司等获得了多样化的国际沟通与联络的机会。为了进一步提高服务水平，吸引更多的涉外机构，波恩政府还将园区内的原会议厅改建为联合国标准的会议中心，每年接待各种参会人员约100万人（北京市计委赴德国宏观经济管理培训考察团，2003）。这一做法既扩大了国际影响，也带来了经济效益，还提供了工作机会。

波恩慢慢树立起了"德国联合国城"和"全球可持续发展中心"的国际化城市形象，形成的集聚效应促使越来越多的跨国机构和跨国企业来到波恩，波恩的国际地位不断提升。随着项目合作的不断发展，行动者的国际合作网络逐渐成熟，逐步形成了以核心行动者——联合国机构所在的联合国园区为中心，其他区域为辐射区的国际空间。在此基础上，原联邦会议大厦成为联合国会议中心并将扩建成为世界会议中心；德国经济合作和发展部、南北发展研究中心、欧洲综合研究中心等大量跨国科研中心、基金会和协会，以及德国之声、德国邮政、德国电信等跨国公司不断向联合国园区周边集聚，不仅把全球和本地行动者紧密联系起来，还在互动机制不断完善的基础上实现了土地优化配置和空间集聚（图2-20）。

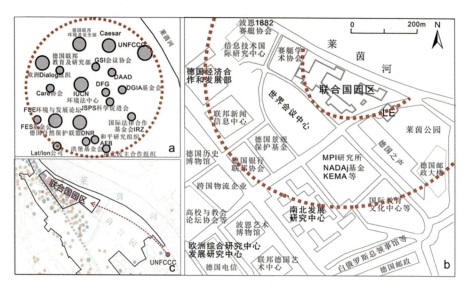

图 2-20　联合国机构 UNFCCC 和波恩联合国园区的空间分布（梅琳 等，2014）

（四）发展现代服务业

在完成迁都后，波恩将主要精力投入到私营服务行业的发展，确定了服务业的重点发展领域为银行、保险以及邮电业等。同时依照法律规定，德国的电信、邮政银行的总部也开设在此地（北京市计委赴德国宏观经济管理培训考察团，2003）。上述行业的发展，不但可以有效地激发波恩经济发展的活力，推动经济结构改革并调整城市的各项功能，还可以提供更多的新岗位。2009年，波恩的企业共14963家，涵盖了电信、信息和会议活动等服务领域。其中，仅德国电信和德国邮政这两家跨国公司在全球范围内就有约72.4万名员工（梅琳 等，2014）。

通过上述策略，波恩的服务业就业人口占总就业人口的比例持续上升，从1991年的80%上升为2000年的86%，使得该地区转变为以服务业为中心的地区，解决了约3万人的就业问题（北京市计委赴德国宏观经济管理培训考察团，2003）。多年以来，波恩都是北莱茵-威斯特法伦州（以下简称"北威州"）内失业率最低的城市之一。

四、重获新生的波恩

经历转型之痛的波恩，如今已重新站在国际舞台上，向世界展示它的成就与魅力。1990年到2009年间，波恩人口增长率超过7%；到2020年，波恩市成为北威州唯一的人口增长的城市，增长率约为3.3%。国际人口对波恩的人口增长产生了最为关键的作用。据2009年统计，波恩有来自179个国家的7万余名外国移民。同时，从1991年到2004年，波恩的社会保险投保人数增加了6.6%。波恩2001年的失业率仅为6.5%，低于全国和州内平均水平，直到2009年仍是如此（梅琳、薛德升，2011）。

五、小结：来自波恩的启示——从废都转变为全球城市

城市全球化始终是外生和内生行动者共同作用的互动过程。一方面，波恩政府与行动者共同推动波恩成为"德国联合国城"和"全球可持续发展中心"，这是波恩城市转型的重要推动力。另一方面，在城市发展过程中，良好制度的形成，是外生和内生行动者之间网络互动的重要源泉。波恩从德国的前首都到全球化发展的城市，其转型成功是在路径依赖的基础上，实现路径创新的结果。城市必须依赖内生的制度环境、政府的合理管治和资源的优化配置以求得发展；同时，还必须依赖其他外部嵌入的资源和活动来维持正常运作，外部资源和活动对于城市组织形式的转型与演变往往能产生强烈的诱导作用。

德国城市全球化由城市政府主导，制造部门通过国际组织主动输出资本、人才和技术，同时研发、生产、社会等服务业动力与市民社会、创意文化等社会文化动力共同作用。而中国城市全球化由国家政府主导，依靠国家资本和外商直接投资生产并出口初级工业品，生产服务和基础设施动力明显，社会动力微弱（刘怀宽 等，2018）。在全球化时代下，波恩由

政府引领，凭借国际组织形成的网络，依托社会力量，抓住了全球化的机遇。鉴于此，中国的城市在建设世界城市的过程中，也需要关注国际组织网络和社会力量的作用，从出口产品转向出口产品和服务，发展文化和现代服务业，并走向创新。

另外，在全球化时代下，对于城市而言，若想发展，就应该关注地方营销（顾朝林，2012）。波恩在作为德国首都时积累了很多国际层面的优势，如美丽的城市景观、各方面完善的基础设施等。同时，波恩也一直在为国际社区和员工提供良好的福利政策，使得很多跨国机构在此落脚。地方及地区政府、城市联合会、非政府组织、地方选举的官员、私人企业等都成为波恩进行自我宣传的重要受众（黄浩明，2016）。

综上所述，面临城市定位和发展背景发生巨大变化之际，波恩从政治、经济、创新、文化等方面着手，应对国际竞争不断调整、全球产业调整、信息化大行其道等趋势，使城市不再是废都，而是一步步成为联合国之城。面对城市功能的转变，城市应如何有效地进行转型调整，优化城市经济、政治等能力，迎合全球竞争的需求并达到国际化的标准呢？这一点显然可以参照波恩的具体做法。

第四节　历史文化保护与城市综合发展：科隆案例

一、科隆市概况

很多欧洲的古老城市都曾因在战争中被毁而开始大规模重建。因此，随之而来要考虑的就是依照经济发展设计出良好的城市空间扩张方案。要在城市重建与发展的各个流程中有效地平衡文化遗产的保护与提升经济和发展社会的计划，这是一个烦琐而艰巨的任务。

在很多欧洲城市的战后修缮改造中，通常会将城市街道从机动交通中解放出来，重新变成步行区，这种做法有效地体现了城市的历史肌理，也使居民与游客有了更多的活动空间。而对于文化遗产的保护不只是体现在保护某些历史元素上，在保护的同时还需要注重再造与创新，使之成为城市生活和活动的中心，并能够容纳不可避免的变迁、发展以及新的用途（利维，2003）。对于步行区的规划建设是城市历史中心区保护与复兴并重的一个核心要素，步行区建设与拉动城市经济、促进旅游业发展、改善城市中心环境质量等事宜息息相关。本节通过科隆城市综合考察案例，阐述其城市结构的变化及其综合发展历程。

位于德国西部莱茵河畔的历史文化名城——科隆，是人口超过百万的德国第四大城市[①]，是北威州最大的城市，也是莱茵地区经济与历史的核心区域。科隆始建于3世纪，历史悠久，由于地处战略核心，所以在中世纪时就已飞速发展起来，是当时的教会中心与艺术中心。这座城市在"二战"时遭到破坏。在战后重建中，科隆通过改进城市步行道与建设生态绿带使城市发展需求得到满足，保护历史建筑与文化遗产维持了城市历史肌理的完整性，以及对多元文化秉持包容开放的态度，使科隆这座历史古都焕发出新的活力。近80年来，莱茵河两岸的城市谨慎规划用地，绝不竭泽而渔，不仅注重现有收益，而且兼顾城市生态与建筑。在莱茵河两岸的市区都经过了细心与合理的设计，于多年前就对人流较大的行人道路等区域做出了预估。科隆大教堂周围的环境也以教堂为核心，衬托历史建筑。科隆的美景吸引了无数游客前来参观，2018年科隆的入境人数为370万人次，过夜人数为629万人次。[②]

---

① *Cologne Population 2020*（*Demographics, Maps, Graphs*），https://worldpopulationreview.com/world-cities/cologne-population，访问日期：2020年11月19日。

② *Development of Tourism to Cologne in 2018*，https://www.cologne-tourism.com/plan-inform/newsroom/news/development-of-tourism-to-cologne-in-2018/，访问日期：2020年11月19日。

二、科隆大教堂缓冲区与步行区的重建

科隆的老城区和70%的城市建筑在"二战"中遭到了难以逆转的破坏。科隆大教堂由于受到盟军特别保护得以幸存。然而,伴随着近年来经济快速的发展,对其作为世界遗产的保护与城市的建设产生了矛盾,科隆大教堂甚至一度被列入"濒危世界遗产名单"。后来,城市规划师为各类步行区设计了一级缓冲区,既推动了商业、旅游业的发展,进而带动了当地经济发展,同时也使科隆大教堂得到了良性的保护,再加上德国多部门的通力合作,规划师们逐渐把科隆重建为一个文化与经济并重、生态环境与全球化同步的典型现代化低碳生态城市。这一城市复兴案例也成了一个受到广泛认可的经典案例,对类似的文化遗产脱离濒危状况有一定的参考价值。我国正处于快速城市化和大规模建设阶段,想要达成经济与文化遗产两手抓的目标,必须要在保护和发展之间找到平衡。对此,科隆大教堂周边(即科隆中心城区)文化环境的保护与步行区的营造具有很大的启发与借鉴的意义(刘海龙,2009)。

科隆的罗马式建筑风格与哥特式建筑风格的教堂在世界上享有盛名,科隆大教堂(图2-21)则属于哥特式教堂杰作。它始建于1248年,竣工于1880年,经历了7个世纪。其建筑者们都有着一致的信仰与计划。科隆大教堂不但充分地展示了建筑者们的艺术素养,而且体现出欧洲基督徒的能力素质。科隆大教堂于1996年被列入《世界遗产名录》。[1]

---

[1] 《科隆大教堂_世界遗产保护启示录_挂云帆》,http://www.guayunfan.com/baike/113450.html,访问日期:2020年11月19日。

图 2-21　雄伟的科隆大教堂（编者自摄）

（一）周边缓冲区

1945年，战争宣告结束，科隆城市的清理与重建工作开启。当时科隆进入了人口高速发展的阶段，在战后重建时，人们最先关注的是住房短缺的严峻问题。所以，在实施住房建设计划时，政府建造了一大批外形与风格相同的房屋，但依旧遵循着原有的城市道路网格。新的城市规划不改变原有城市结构，对于古建筑和传统建筑，也尽可能不破坏或将建设的影响降到最低。为了让古建筑得以完好地留存，同时保护以科隆大教堂为核心的整个区域的历史风貌，科隆市政府规定城内所有建筑必须控制高度，科隆大教堂必须始终作为全市最高的建筑物。因此，当地新建的建筑多为七八层楼高。在后来长达半个世纪之久的科隆城市重建的过程中，关于文化遗产与传统建筑的保护和传承的理念始终贯彻于规划师们的工作中。这些措施使对古建筑的保护和修缮工作得以顺利开展。

然而，近30年的经济发展需求，让城市对空间的进一步开发遭遇障碍。1990年德国统一后，德国人口在5年之内增加了3.4%，并且移民大量涌入一些大城市，使得这些城市的建设遇到了新的命题——开拓建设高层建筑，用以缓解用地压力（孙峰华，2001）。从1993年开始，科隆市城镇规划和建设管理局开始研究内城可能的高层建筑建设区域，最终选定了莱茵河右侧的道依茨（Deutz）区作为高层建筑的发展区域。在之后的几年，来自社会各界的一些高层建筑方案被屡次提出，却受到了多方反对，最终实施的高层建筑项目寥寥无几。

在1996年科隆大教堂申请加入世界遗产名录之时，只在莱茵河左岸大教堂的附近设置了缓冲区。在2004年第29届联合国教科文组织世界遗产委员会会议上，科隆大教堂被列入"濒危世界遗产名单"。[①]世界遗产委员会认为，计划建设的各大高层建筑极大地干扰了科隆大教堂附近的完整城市景观，将其主要的视野挡住了。对此，德国政府提出，科隆开展新的城市规划建设是不可避免的，而恰当的建设对大教堂不会有影响。世界遗产委员会则希望德国方面确定缓冲区域，让大教堂四周的完整性得到保障。在调整与修改规划后，科隆市最终决定不再将高层建筑修建在大教堂附近，同时也设置了新的缓冲区。其以教堂为核心，打造出了一个能够将大教堂与城市相融的区域，反映出城市对文化遗产的爱护。至2006年的世界遗产会议，持续的规划和修复工作使科隆大教堂的历史风貌得以完整地呈现在世人面前，科隆大教堂成功脱离世界遗产濒危名单。[②]这成为保护世界濒危遗产的一个经典案例。

我们可以看到，科隆大教堂作为世界文化遗产，其珍贵之处不只是其本身的艺术元素，也包含其周围环境的文化氛围，而这正是文化遗产与城市建设之间最不可忽视的联系。唯有在城市规划的过程中，真正理解了这些文化矛盾的根本所在，才能做好缓冲区的划定，才能处理好古老文化与现代建设的关系（刘海龙，2009）。

重建的缓冲区主要由莱茵河左岸的一个矩形条带区域和右岸一个三角形区域组成。从远处看，整个设计十分流畅和完整，在范围上涵盖了旧城的主要部分和预留了科隆大教堂可视角度尽可能大的范围。从历史文化的视角看，新的缓冲区以大教堂为中心，预留了一片宽阔的空间，以实现对教堂与四周环境的整体性保护。

---

① http://whc.unesco.org/en/news/71，访问日期：2020年6月9日。

② https://www.dw.com/en/unesco-removes-cologne-cathedral-from-endangered-list/a-2085828，访问日期：2020年6月9日。

（二）步行区

除了建立新的缓冲区之外，"二战"之后，科隆城市重建的一个重要环节是科隆大教堂周边步行区的发展。由于科隆坐享优越的地理位置，因而成为英、法等国与东欧之间的运输枢纽，科隆的商业曾高度发达。战后，科隆的商业地位大不如前，所以以旅游业推动商业发展是重振城市商业的一剂良药。

科隆大教堂是科隆的标志，它位于城市中心区，紧靠城市主火车站，交通方便，周边还有博物馆、剧院等，这使得居民、游客都喜欢到此处游玩。近些年来，科隆大教堂四周得到了修缮，开发出了更完善的步行系统，人们通过不同的路径可以去往不同的地方。漫步在以科隆大教堂为中心的商业区街头，游客不仅能感受到步行系统空间衔接顺畅的舒适感，更能体会科隆的城市魅力。

步行区的规划结合了零售业的发展，通过引进新的零售投资者和开发项目，以提升地区的商业活力，拉动旅游业发展。总体而言，以科隆大教堂为中心的商业步行街吸引了人流，带动了当地经济，让城市再度焕发活力。步行区融合街景与商区，成为全新的标志性区域。尽管很多建筑是战后重建的，但依照低端需求以及风格要求做了充分考量，既满足了传统风格的要求，又能体现出现代化的感觉。同时，新建筑十分注意烘托历史建筑。例如，路德维希博物馆（Museum Ludwig）、罗马-日耳曼博物馆（Romisch-Germanisches Museum）虽为现代建筑，却十分尊重大教堂的主体地位，在外观上也与整体的旧城区风格相协调。

科隆在注重保留城市的历史文化遗产、保有城市的人文气息与历史沉淀的同时，亦不断汲取外来文化并积极融入世界全球化的进程，以兼容并包的态度和谐地向着文化多元化的方向发展。科隆人素来以开放、自由和宽容著称，这使得他们更易于接受来自世界各地的新鲜文化。在经济不断复兴发展的过程中，科隆作为德国最古老的城市之一，却始终焕发着蓬勃的活力。形成这一特征的关键，在于它对古老文明的庄严敬重和提倡在保护中发展的战略。漫步在科隆的主城区，游客很容易感受到这座同时包含古老文明与现代多元文化的城市与众不同的魅力。街道上繁华的商业气息与深沉静谧的文化底蕴相交织，而外来民族的大量涌入也为这个城市注入了新鲜的活力。城市街头就好像是一个文化大熔炉（图2-22）——随处可见的外来族裔餐馆、保存完好的老式建筑、庄严的科隆大教堂和静谧的科隆大学校园、主城区琳琅满目的商铺橱窗，还有漫步在街角的各种肤色、发色的世界游客。无论在城市的哪一个角落，你都能感受到多元文化交织的魅力与古老文明的沉淀。

图 2-22　街头随处可见的"彩虹吧"（编者自摄）

如果没有通过商业和旅游业来发展经济，那么科隆等欧洲古老城市的街区可能面临着衰败没落的结局。所以，经济的振兴与文化遗产的保存其实是相互关联并且有机会共同进步的。特别是对于我国一些历史悠久的古城来说，应该意识到历史环境和文化遗产是无比珍贵的，能够作为城市的特色基础，促进其旅游业、商业的发展与复兴。所以在这个过程中，应注重平衡两者的关联。也唯有如此，城市才能在深厚的人文关怀下和谐地向着文化多元化的方向发展。

三、建设绿色生态城市

在规划建设高层建筑群体的时期，实施保护科隆大教堂和周围环境也一度陷入困境。因为汽车尾气的排放和其他人类活动，大教堂的外观受到严重的影响，白色的外墙因此变黑，还有游客乱涂乱画。尽管战后的科隆市始终在开展清洁工作，但收效甚微。今日的科隆大教堂外墙已经很难看到白色的砂岩特征，这种变化是无法逆转的。通过把科隆大教堂周围的道路改为步行街，优化了城区环境，如减少污染、保护历史区域等。规划人员测试了规划实施前后该区域的噪音与空气污染情况，空气中一氧化碳的空气污染程度与环境噪音均显著降低。这一成果被广泛宣传，引起了在德国乃至欧洲建立步行区的强烈呼声（Brambilla & Longo，2003）。

科隆位于鲁尔都市区，受历史上鲁尔工业重镇的影响，碳排放量曾经很高。经过多年努力，今日的科隆已然转型为一个享誉国际的低碳生态城市。在"绿色城市索引"评估中，科隆仅有两项（交通和水资源）"高于平均值"。科隆的经济发展水平比较高，与此同时又致力于节能减排，主要途径为扩大天然气使用以替代传统的煤炭资源（李潇、黄翙，2014）。

此外，科隆大都市绿带的建设在控制城市蔓延和增进居民福祉方面具有重要意义。在1918年《凡尔赛条约》的影响下，时任科隆市长的康拉德·阿登纳（Konrad Adenauer）在1919年签署了《土地整合法》，使被拆除的城墙处成为城市的内环绿带，避免了该地带之后在城市开发过程中被占用。随后，阿登纳邀请著名城市规划师弗里茨·舒马赫（Fritz Schumacher）在1920—1923年规划了科隆的内外双环绿带结构。2010年，作者联合设计营共同讨论了科隆绿带的延伸扩展方案并规划了面向未来的加强版绿带蓝图（柴舟跃等，2016）。

经过近百年的发展，科隆大都市绿带形成了显著的双环结构，并可区分为三个各有特色的绿带片区：位于西南侧的历史片区将自然景观与居住区相分隔，并且向外部充分展示其绿化区的景色；西北侧的农业片区结合四周景观提供了各种休闲娱乐空间，在休闲的同时兼顾了农业，而绿带的具体布置规划受到周边的高速公路或军事基地限制；位于莱茵河右岸的片区，由于受到交通路线和基础设施路线的影响，绿带空间相对较为破碎。绿带较完整的环形结构以及一定规模的生态界面，都帮助其在有效地维持现有景观的同时又兼顾了对市区气候的调节。后来当科隆不断扩大市区范围，绿带被其带动一同向外扩张，连接了更大的绿化空间，其对于市区的影响力也就随之加强了（柴舟跃等，2016）。

绿带对于城市而言，能够作为一个承接多方面功能的空间，有利于促进区域内的空间结构优化。而所采取的管理方法则反映了区域内的政治、经济、社会基础的安排。不同的管理方法意味着政府对拥有的空间资源的不同的使用和配置。如今，我国正在经历快速的城市化进程，正在由计划经济向社会主义市场经济全面转型。绿带政策的作用就是在实施城市化的同时有效地结合城市与乡村，结合各种社会与经济力量。其能够作为政府管控市场行为的一种工具，在使用时要依照相关的需求以及区域的整体利益采取合适的方式，根据所要实现的政策目标灵活选择合适的管理模式和措施（柴舟跃等，2016）。

四、小结：灵活采取科学可行的城市管理模式

科隆的城市规划和相应的建设与管理时刻注重历史文化，且将公众的参与作为重点。在进行绿带规划和调整的每一个阶段，专家、城市规划师、政府部门、当地居民皆活跃其中，长此以往就形成了一种以人为本的理念以及遵循了可持续发展思维，并遵从由上至下以及由下至上的结合，实现城市、社会、文化、经济和生态等多个方面相结合的创新规划（李子枫 等，2020）。并且，科隆在进行城市规划时，也将区域层面的相关规划纳入考虑范围，以处理好城市与区域的关系，实现城市和区域长期的协调发展。例如，绿带的双环规划如何与科隆内城总体规划、莱茵河宪章、区域绿楔、勒沃库森绿扇计划等对接，成为科隆城市长远规划和管理的重要内容（柴舟跃等，2016）。

对于我国的许多历史古城而言，若要兼顾对城市的发展并有效地保护历史文化遗产，就要处理好两者之间的关系，使城市在满足现代化发展需求的同时，又能葆有深厚的历史底蕴，不仅要让两者有机地结合，还要培养出城市独有的特点与吸引力。

第五节　从世界港口到世界城市：汉堡案例

一、汉堡城市概况

汉堡是与柏林、不来梅并列的德国三大直辖市之一。汉堡港则是德国如今规模最大的港口、外贸和传媒中心，也是欧洲第二大集装箱港、世界上最大的自由港。在全球贸易互动日趋频繁的背后，汉堡也面临着城市发展的难题：对全球资本的吸引力不足。作为世界飞机制造品牌两大巨头之一的法国空中客车（Airbus，以下简称"空客"），其A380的机身组装却是在德国汉堡进行的，空客A319、A320、A321机型的总装生产也是在此地。分析汉堡空客基地，可以揭示汉堡在国际分工体系和全球价值链中扮演的极其关键的角色。

立足于全球发展背景，打造出能够有效引进全球资本的城市，是汉堡规划的重点。港口新城（Hafen city）的建设和发展则是汉堡从港口城市向世界城市转变的重要契机和表现。本节将着重研究汉堡是如何在世界城市发展战略的指导下实现城市的不断发展的。

二、从世界港口到世界城市的转变

汉堡的城市发展是港口城市发展的范例——汉堡的港口在城市转型中进行了明显的功能置换。这个命运的转折点在于集装箱的出现。由于集装箱的出现，旧港口开始变得衰败。旧港口的空置没落与中心城区扩张的需求为港口新城（图2-23）的诞生创造了契机。过去港口的运行离不开大量的劳动力投入，而这些劳动力往往受教育程度较低。集装箱装运需要起重机等现代化的装卸机械，港口对人力的需求没有过去那么

图2-23　港口新城（编者自摄）

多。同时，现代化的港口需要充足的空间，曾经的港口已不能满足此需求，因此新港口建在了旧港口北面几千米之外的地方。

全球经济结构发生改变加之集装箱的不断发展，使许多欧洲港口城市的经济、文化和结构产生了较大改变。汉堡港对城市经济的贡献份额也同样下降了不少。所以，汉堡开始转向发展电子信息、航空制造、生命科学、纳米科技、港口及物流、再生能源应用等新兴产业，并希望从曾经的"世界港口"发展成"世界城市"。在对市区的规划中，汉堡开展各类国际性活动、城市营销活动，专注于文化之都的建设，充分利用各类闲置空间大力推进观光业。过去不允许普通民众进入的港口，现在变成了办公、居住、文化、休闲、旅游和零售业等多种功能有机融合的新型城区。自西向东推进的新城开发可分为西、中、东3个片区，共10个板块，每个板块的开发时间一般在5～8年，且尽量由一个投资方完成开发以保证规划的落实。港口新城全部建成大概需要30年时间。现在，西部地区的建设已基本完成。此外，东部的巴肯港区（Baakenhafen）将会建成为居住和休闲区，奥博哈芬港区（Oberhafen）将发展为创新发展和文化区，易北河大桥区（Elbbrucken）则为都市商务和办公区。在建设港口新城前，汉堡东部的发展较为滞后。港口新城建成后，城市中心会往东部迁移，这也会促进东部的进一步发展。

在建设港口新城的过程中，汉堡利用其拥有的历史与文化资源，通过各种方式，创造出了一个能够充分吸引国际投资的形象，进一步优化了城市的可持续发展能力和国际竞争力。通过创建易北爱乐音乐厅、博物馆等城市文化空间，汉堡实现了对文化资本的创造，有效地强化了旅游和生活吸引力。汉堡的港口新城项目通过让外界充分了解其先进的规划理念及项目建设的良好发展进程，来获取更多投资（黄耿志 等，2011）。具体来说，汉堡建设世界城市的策略主要包括以下5个方面。

（一）塑造城市中心地标——易北爱乐音乐厅

易北爱乐音乐厅（图2-24）因其独特的外形也被称为"玻璃皇冠"，现已成为汉堡市的新地标。该音乐厅由曾设计北京鸟巢体育场的瑞士著名建筑设计团队赫尔佐格和德梅隆建筑事务所（Herzog & de Meuron）设计。值得注意的是，易北音乐厅是在原来储存货物的码头仓库上加盖的。易北爱乐音乐厅的上半部分除了有音乐厅、会议室，还有昂贵的高级住宅。易北音乐厅是汉堡这座城市粗犷与精致、传统与创新的最佳结合典范，是港口新城项目的文化符号之一。

图 2-24　易北爱乐音乐厅（编者自摄）

（二）建设都市区社会住房

汉堡市人口约184万[①]，而房屋的租金在最近几年上涨了2～3倍。港口新城作为老城区的延伸，在建成后可容纳5万人居住生活，但这并不足以使租金的价格降低。因此，建设价格更加适宜的、能够容纳更多居民的社会住房十分重要。在数年前，汉堡的社会住房是提供给低收入或失业的民众的。而现在由于房屋租金不断上涨，只要房屋租金超过总收入的1/3就可申请社会住房，因此60%的汉堡人都在可申请社会住房的范围之内。港口新城同样建有社会住房。自2011年起，有1/3的新建住房是政府补助住房，建成后可供约1.4万居民居住。但这类房屋的数量仍不能满足需求。

（三）设计港口新城交通

港口新城的交通设计十分独特，在设计时就已经考虑到设置大量的步行街与自行车道路，同时将行人步道、自行车道与机动车道分开，这就保证了行人或自行车能够在各个广场和绿地之间穿梭；并且通过限制车位数量，以促进居民乘公共交通工具出行，以此来降低污染，避免城市交通拥堵。

---

① https://worldpopulationreview.com/world-cities/hamburg-population，访问日期：2021年11月17日。

（四）重新规划新城土地利用

在对港口新城进行土地开发时，政府占主导地位。若投资人长时间做不出有效规划或者有意闲置土地，政府就有权将土地收回，这就确保了土地的开发必定是按照政府预期的目标进行的。在政府的大力支持下，港口新城被建设为一座适合居住并且适合工作的城市，而不是变为简单的产业区。汉堡市政府规定，港口新城内的项目应当满足办公、居住和公众使用3个功能。所以，港口新城在积极推动航运物流和软件等现代制造业和生产性服务业的同时，又建有音乐厅、学校等设施，将居住、商务等各类城市功能相结合。同时，港口新城还希望所有的建筑都能够兼顾居住和办公等多种用途，让每栋建筑都可以作为一个功能完整的小区。可见，开发港口新城不是为了一次性地获取丰厚的收益，而是做出示范，并且为将来的城市规划铺平道路，所以在选择开发者时仅采取价高者得的规则是不合理的。假如投资企业具有较高的环保标准或能够满足新城多样化的生活需求，即使其在投标价格方面没有优势，也可凭借其符合城市发展目标的规划设计拿到居住类土地的开发权。

（五）打造世界级文化空间

在"成为世界城市"的目标上，汉堡市意识到文化资本积累的重要性，并通过建设歌剧院、音乐厅、博物馆、图书馆、科技馆等公共服务设施来打造出一个有浓郁文化气息的城市空间。港口新城文化资本的创造是通过建设标志性文化建筑与组织各种文化活动这两种方式来实现的，如易北爱乐音乐厅、国际航海博物馆和科技中心是港口新城的三大标志性文化建筑。港口新城促成并举办了很多文化艺术活动。从2005年开始，玛格兰广场每周日都举行"玛格兰广场之夏"活动，既有诗人作品朗诵、探戈舞会和儿童节目，也有"前进中的港口新城"跑步比赛和威廉桥上的"石头地毯"艺术活动。其众多的艺术竞赛、艺术节等在国际上也具有强大的吸引力，使得港口新城焕发出强大的文化生命力。

在推进港口新城项目实施的过程中，汉堡采取塑造欧洲都市发展新典范、展现项目建设过程、举办国际建筑竞赛与创造文化资本的营销策略体系等方式，构建了一种有利于吸引投资资本的全球形象，进而帮助城市进一步优化并使其在国际上具备更强的城市竞争力，让汉堡快速从"世界港口"转变为"世界城市"。

三、汉堡与空客的全球生产网络

汉堡的世界城市发展策略不但在城市空间层面打造世界级的、具有国际竞争力的都市区，也在经济层面积极参与全球生产网络。接下来将通过介绍空客公司所体现的新国际劳动分工和全球价值链，阐述汉堡在全球生产网络中的重要地位。

（一）空客公司体现的新国际劳动分工

空客公司的全球化运作模式完美地体现了新国际劳动分工。国际分工代表全球不同国家的劳动分工，这是在社会生产力进步到相应阶段出现的情况，这种分工已经超越了国家之间的界限（罗绍彦，1990）。新国际分工意味着一种网络化的国际发展关系，在时间与空间上包含了企业与企业、部门与部门、地区与地区、国家与国家的，将生产作为核心的，涵盖经济、文化、科技等不同领域的交互网络体系。跨国公司（企业）是引导新国际分工的核心要素，市场中的各类需求、生产一体、成本缩减等条件形成了国际分工的全新局面，其主要动力是对外直接投资和跨国生产（孟庆民 等，2000；李燕 等，2011）。新国际分工使企业国际化、区域一体化。在新国际分工的过程中，企业、地方都起着关键的作用；同时，企业、地方、国家在新国际分工中发挥的作用也出现了明显的转变：为了各种利益的需要而激烈地参与新国际分工的竞争，竞争成为新国际分工的基本机制（孟庆民 等，2000）。

空客公司的全球化战略帮助其在行业里脱颖而出。空客公司在美国、中国、日本和中东设有全资子公司，在多个国家的城市设有零备件中心、培训中心，在全球各地还设有150多个驻场服务办事处。根据空客公司员工所提供的市场数据，空客占据了客运航空飞机全球市场的54%，已经成为客机的全球最大制造商；它最大的竞争对手波音公司则占据了市场销售的46%。空客在30个国家拥有约1500名供货商网络；在法国图卢兹总部和德国汉堡、中国天津等城市都设有最终组装线（FAL），负责中后段的飞机组装、检测、试飞和交付；飞机零件的生产地则位于世界的各个角落，生产链实现全球化。其在英、法、德分公司设有3.2千米长的国际标准跑道；在德国汉堡分部，平均每月交付6架客运飞机；在中国天津分部，平均每月交付4架客运飞机。

空客公司的运营时刻以国际分工作为主题。例如，空中宽体客机的生产任务是由欧洲各国担任的：机头段、中机身下半段以及发动机挂架的生产由法国的航宇公司负责，同时该公司还负责最后组装；机翼主体的生产地位于英国；机身其余部分和垂尾的生产地位于德国（图2-25）；机翼前后缘和各活动翼面的生产地位于荷兰；客舱门、起落架舱门和平尾的生产地位于西班牙。

图 2-25　德国空客生产（编者自摄）

为什么西欧各国不选择由某国单独生产空客，而是选择由各国分工合作呢？主要原因有以下两个。

第一，生产一架空客飞机需要8个月，而生产一辆大众桑塔纳汽车只需要20小时。相较而言，飞机的制造耗时更长。此外，飞机内的装配工作要求细微而准确，几乎所有装配工作都需要人工完成，无法使用机器人，甚至连飞机表面的喷漆都是由人工完成的。由此可见，空客飞机的制造工程巨大。西欧各国受人力资源、国土面积、自然资源等条件限制，如若不开展分工合作，飞机的生产制造过程将相当缓慢，制作周期也将相当漫长。

第二，生产大型喷气式客机要求拥有雄厚的资金以及尖端的科研力量。西欧的各个国家如果希望自主研发出高质量的飞机是存在可能性的，但是其国内消费市场有限，生产量满足不了经济批量规模，那么在世界市场的竞争中就一定会落败。而西欧的各个国家合作开发的"空客"飞机，因为充分地开展了分工合作，且拥有整个西欧消费市场，所以，在经济达到一定规模时，这样的跨国合作经济模式更有竞争力。

（二）空客的全球价值链及全球生产网络

空客公司的新国际分工是一个完善的跨国生产网络。跨国生产网络的加速形成是全球经济空间重组中最为显著的成果之一（Dicken，2007）。对于这种发展态势，很难用新国际分工理论来掌控全球生产组织的变化机制与动力（李健 等，2011）。全球价值链（global value chains）综合了全球视角和价值权力关系，通过各价值环节分散于全球各地，实现了价值链的"片段化"（朱华友 等，2014）。全球生产网络（global production networks）在全球价值链理论的基础上，以企业生产为核心，结合空间、网络和镶嵌的概念，侧重研究具有不同生产功能的企业网络关系及权力结构，在更广泛的体系下解释了当今世界生产组织的新变化（贺灿飞 等，2017）。

在空客公司的汉堡工厂这个欧洲最大的工厂中，至少有1万人在工作。其员工有约90种国籍，其中，大部分工程师来自印度，也有一些来自中国。从工厂员工的国籍来看，空客公司是一个全球化的代名词。观察其价值链流程可以发现，空客公司也是全球战略的标志性产物。空客公司的发展不只有生产这一环节，其价值链有很多环节都涉及了国际分工。而国际分工基于产品价值链的分割。航空制造业的价值链流程通常涉及研发、部件制造、整机组装、销售和服务。空客公司的价值链具体流程为设计、供应链、制造、运输、飞机运营和寿命终结。图2-26体现了空客A320的制造是由多个航空公司共同参与完成的。每个部件的制造都不是由单个公司完成的，而是由多个公司共同参与。其中空客公司参与了多个部件的制造。

全球网络化的生产模式使空客公司拥有了全球范围的生产价值链。而全球价值链分工理论标志着跨国公司进行主导的跨地区的生产合作，价值链涵盖了设计、生产、组装等一系列环节，产品的"国籍"不再受人关

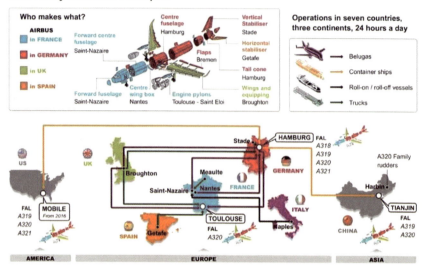

图 2-26　A320 供应链

（资料来源：https://www.airliners.net/forum/viewtopic.php?t=1382365&start=250，访问日期：2020年6月9日）

注，因为仅凭产品的出口国就对产品打上国籍标签是不全面的。价值链上的不同环节所带来的利益也是不一样的。在某些环节中会有一些可以造成更高的利益，即战略环节（Gereffi & Kaplinsky，2001）。全球生产网络是将企业生产作为主体，涵盖不同的行为主体为核心的组织网络。这些行为者可以是来自不同国家，规模、股权结构不一，带有各自产业特性的公司企业；也可以是非企业的行为者，如国家、国际组织、工会、消费者群体或市民组织（Yeung，2018）。因此，全球价值链其实就是从纵向研究世界经济组织，全球生产网络就是从纵与横两个方向研究全球经济。全球生产网络意味着跨国公司把产品价值链分化成不同的小模块，并将其工作内容分工到世界上的各个国家和地区，这就造就了不同国家和地区一同生产、最后组装成产品的国际分工体系（任金玲，2011）。空客公司的价值链在生产中的每个环节都通过生产网络聚拢到一起，这既提升了企业的生产效益，也使发展中国家获得了加入全球生产网络的机会，但这种机会是从生产低端产品开始的。

汉堡是负责空客A380机身组装和空客A319、A320、A321机型总装的生产地，这凸显了其在全球生产网络中的重要地位。其区位优势包括港口交通优势、成熟的国际贸易网络，以及城市软硬环境，这些都是其在全球化背景中嵌入全球生产网络并占据价值链高附加值环节的核心竞争力。

四、小结：汉堡建设世界城市策略的借鉴意义

汉堡建设世界城市的策略主要包括两个方面。

一方面是汉堡港口的重新建设。汉堡港的成功改造给中国的多个港口改造工程提供了参考与借鉴。受城市空间扩展、港口货物吞吐量持续增长与到港船型大型化等因素的影响，中国沿海地区的许多港口城市面临着如何调整港、城的空间结构关系的问题（陈有文 等，2006）：不仅要提升港口的货流量并优化航运技术，还要注重优化港口功能，避免空间资源浪费以及出现规划上的矛盾。要对老港区进行改造，就需要综合考虑老港区所面临的问题，原有设施设备的使用情况、资金状况，以及未来效益。当前，中国某些港口改造失败，其原因多种多样：可能是资金不足，无法实施具体的改造；可能是规划可行性不高，港口的当前效益与长远效益未能衔接；可能是监督管控力度不强，大多数的规划是面子工程，未落到实处。港口的改造需要"天时、地利、人和"——坚实的改造背景、强大的港口区位优势、以人为本的改造理念。

另一方面是积极参与大型跨国生产网络。在空客飞机制造的案例中，我们不难感受到全球化背景下跨国企业的快速发展。凭借先进的技术和高质量的追求，空客公司在世界市场上占领了先机，与波音公司并驾齐驱，瓜分了世界客运飞机市场，并且以难以超越的姿态继续在全球范围内扩张。总装配线选址在汉堡这一世界城市，为汉堡带了重要的高端产业支持，也带来了更多的资金。飞机产业，是汉堡成为世界城市的重要元素之一。

总而言之，空客公司在汉堡的飞机制造厂是汉堡工业和高端产业发展的代表，是全球产业链中重要的组成部分；而汉堡港口新城则开始成为新的服务业和贸易中心，港口新城的建设可以说是当前全球化背景下地方经济空间

重构的缩影。它们都是汉堡这座世界城市蓬勃发展的带动力量，为我们呈现出一个富有活力、欣欣向荣的汉堡。

第六节　工业旅游：大众汽车城

旅游业在每个国家都标志着大量的收入与就业机会（顾朝林，2012）。自然资源或人文环境（能够吸引到游客的自然、文化遗产和直接用于旅游项目的事物）都能促进旅游业进步，也为探讨旅游地和旅游业的旅游地理提供了分析的对象（赵荣 等，2006；保继刚 等，2012）。工业景观是一种人文景观，具有动态性、科学性、易达性、地域性、多效益性，对工业企业、社会、旅游业和旅游者都有很重要的意义（姚宏，1999）。

本节将以沃尔夫斯堡大众汽车城（Autostadt）的工业旅游为例，探讨典型工业旅游模式的特征。

一、沃尔夫斯堡概况

大众汽车公司（以下简称"大众汽车"）的德国总部位于一个人口仅有十几万的德国北部小城市——沃尔夫斯堡（Wolfsburg）。"沃尔夫"英译为"狼"，因此沃尔夫斯堡又称为"狼堡"，沃尔夫斯堡市的市徽上也有一匹醒目的狼。沃尔夫斯堡规划建造于20世纪30年代。1934年，保时捷设计公司的创始人费迪南德·保时捷产生了关于设计生产一款普通民众买得起的"国民汽车"的想法。1937年，专门生产这种"国民汽车"的公司——大众汽车正式成立。1938年，沃尔夫斯堡这座城市被用来安置大众汽车的员工。这个城市的居民基本上直接或间接和大众汽车有着关联，可以说，整座城市都因为大众汽车而存在。

"二战"后，大众汽车得到了全球市场的追捧，沃尔夫斯堡的大众汽车逐步成为世界最大的汽车厂。随着大众汽车的繁荣，这个工业小镇也呈现出一派欣欣向荣的景象。自20世纪50年代以来，沃尔夫斯堡的土地上矗立起由阿尔瓦·阿尔托设计的文化中心，汉斯·夏隆设计的剧院大楼、天文馆、艺术博物馆、汽车城，以及由已故设计师扎哈·哈迪德设计的菲诺科技中心。

然而，由于沃尔夫斯堡的产业主要集中在汽车行业，产业结构过于单一，使得其经济情况容易因汽车行业的波动而受到影响。例如，2015年的大众"排放门事件"就令其出现经济波动，政府的收入也因此暴跌。对比2014年2.53亿欧元的商业税，2015年沃尔夫斯堡的商业收入税暴跌80%。此外，2017年大众汽车计划减少2.3万在德国境内的工作岗位。所以，对于沃尔夫斯堡来说，当务之急是规划出可持续发展的新模式。沃尔夫斯堡市中包括银行、公共事业和医疗的不同企业重建了城市的产业结构。而该市运河边的大众主题公园，也将汽车产业转化为集旅游、娱乐等于一体的综合建筑群（李莉，2017）。在此之后，旅游元素成为沃尔夫斯堡最好的跨界者，也成为产业跨界的最佳方式，挽救这座小镇于水火之中。通过工业与城市文化及科技生活的交融，旅游元素让沃尔夫斯堡焕发出与众不同的魅力。

二、大众汽车城

在沃尔夫斯堡，最引人注目的莫过于大众汽车城（图2-27），这是汽车爱好者和大众铁杆粉丝必去朝圣的地方。大众汽车城位于市区东侧，是融合了各类景观以及功能区的一个工业园区，占据了极佳的地理位置。汽车城与城市通过大众汽车与沃尔夫斯堡的城堡，以及航运和铁路建立起了有机联系。大众汽车城的主要功能是大众汽车的顾客服务中心，提供提取和订购车辆等服务。但大众汽车并不满足于此，还创造了一个综合性主题公园，在园内展览了包括布加迪、兰博基尼等12个关联品牌汽车。大众汽车城的设计并非生硬地采用书本理论，而是细致地考量了城市的规划理念——"建筑群体与事件"："建筑群体"由许多小元素构成，如会展中心、博物馆、酒店等；附属于建筑群的许多独立品牌的小型展厅则组成"事件"，与建筑群体高低错落，形成有机结合的整体（Architekten，2009）。下面将从大众汽车城的4个重要部分——汽车塔库（Autotuerme）、企业论坛（Konzernforum）、客户服务中心（Kunden Centre）、"时代之家"（ZeitHaus），对这一工业旅游地逐一进行介绍。

（一）汽车塔库

大众汽车城顺着水路延伸，其东北部建有两座玻璃建筑，高48米，是用来存放汽车的汽车塔库（图2-27最右两个建筑，内部结构如图2-28所示。仍有4座塔库正在计划建造中）。这些汽车塔库展示了汽车生产的每个环节，还可存储客户尚未提取的新车。每个汽车塔库有23层，可存放800多辆新车。同时，汽车塔库配备了全自动化的传输设备，实现了全球最独特的销售交车模式。每辆入库的汽车通过电梯运送到塔库上层，无须人工辅助，平均每40秒就有一辆新车下线进入塔库，同时也会有一辆新车被送至客户服务中心，形成循环。这套智能传输系统犹如一颗输送新鲜血液的心脏，将新车不断传送到客户面前。前来提车的顾客可以见证车辆是如何通过自动化技术，穿越高耸的机动王国，从高空优雅地降落到自己身旁。而那些单纯来游玩的游客，也可以体验到大众汽车精湛的工业传输技术。

图2-27 大众汽车城概览（编者自摄）

图2-28 汽车塔库内部（编者自摄）

（二）企业论坛

"企业论坛"位于汽车城的南端，里面有一座用于给游客介绍大众汽车的设计理念、生产、安全、环保等各方面知识的展览中心。大众汽车城入口朝向南方，周围有步行桥与"企业论坛"相连。这一设计不仅拉长了城市历史发展的轴线，也让大众汽车城与城市中心稳定地联系在一起。进入正门后，接待厅是第一个开阔空间，六组旋转玻璃门成为其出入口，而北侧的相同的出入口则将游客引入大众汽车城。玻璃门的造型与飞机机翼相似。整个大厅可被视作现代与历史的交融。当大厅关闭时，极具设计感的玻璃门会像百叶窗一样合拢（Architekten，2009）。两面玻璃柱体中间是个中庭，在这里展示了一个钢铁球体（图2-29），包含立方体空间、餐厅，城市规划要素在这个空间内被重复使用。

图2-29　企业论坛内部（编者自摄）

（三）客户服务中心

东侧的客户服务中心是椭圆形的，从东侧插入行政办公楼，因此，该建筑有东、西两块区域。该建筑整体上使用了玻璃幕墙的结构，其中，一些屋顶也是透明的，这使得建筑看上去颇具现代感。屋顶由钢索牵拉重量。首层空间能够开设30个工作间，整个工作流程一目了然，此外还包括60个展览厅（Architekten，2009）。该建筑的开放形式使其像一个广场，顶层是一个延伸出来的悬空站台，能够提供其他的服务，遮盖了部分椭圆平面（图2-30）。

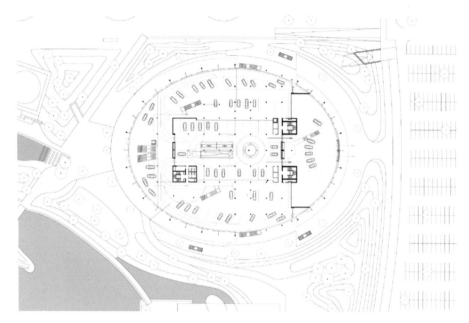

图 2-30　客户服务中心一层平面示意（Architekten，2009）

（四）"时代之家"

"时代之家"（图2-31）涵盖了模拟与数字技术的基础元素。在更高的仿佛盒子一般的玻璃建筑中，不同年代的汽车在此展览，一辆辆汽车被规整排列，像是货架上的模型玩具，这符合数字存储器的逻辑性。屋顶的弧形汽车展厅则体现了社会背景与相应文化，展览呈现出一种浓郁的情感氛围。游客在这里可以充分感受过去的历史。"时代之家"的建筑一栋是玻璃方盒子，另一栋的外形整体几乎无窗，如同一整块岩石。两栋建筑被天桥和楼梯连接起来，如同人体左右脑之间的神经（Architekten，2009）。

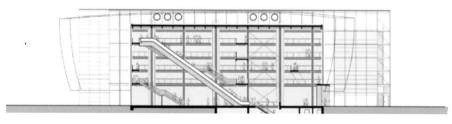

图 2-31　"时代之家"剖面图（Architekten，2009）

三、小结：沃尔夫斯堡的旅游发展带来的启示

沃尔夫斯堡因大众汽车公司而规划建造，又因大众汽车城所产生的工业旅游产业链而复兴；汽车文化早已融入沃尔夫斯堡的城市基因中，成为这座工业小城镇不可分割的一部分。今天的沃尔夫斯堡不再是单纯进行汽车生产的工业制造小镇，不仅仅是汽车产业，由大众汽车延伸出的服务产业也早已渗透到沃尔夫斯堡的方方面面。大众集团旗下的博物馆、酒店、银行、房地产、物流公司等在保时捷大街附近随处可见。除了将服务业与汽车工业融合，使城市焕发出新的活力，沃尔夫斯堡另一个值得其他工业小城镇学习的地方，是将产业科技做得引人入胜。例如，曾经的火力发电厂被改造为炫酷的玻璃汽车塔库，使顾客可以体验大众汽车精湛的工业传输技术。通过工业与城市文化及科技生活的交融，沃尔夫斯堡重新焕发出与众不同的魅力。

在后工业时代，我国也有很多工业城面临着产业转型的问题，它们急迫地想要找出有效的解决方案。例如湖北十堰，这座城市因汽车产业而兴起，其出产的东风汽车在全国畅销，有"东方底特律"之称。随着后工业时代的到来，这座曾经辉煌一时的工业城市也面临着工业基地搬迁、大量人才外流、地方支持乏力的问题。像沃尔夫斯堡一样依靠工业基础再开发，借助汽车文化开发工业旅游项目，延伸产业链，改变产业空心化将会是十堰基于原有产业进行城市复兴的一个值得借鉴的选择。

第七节　工业遗产保护和发展：鲁尔区复兴案例

一、鲁尔区概况

德国鲁尔区是一个经历了工业兴起又没落的地区，随后开始转向产业创新发展，并关注对工业遗产的保护与二次利用（李蕾蕾，2002）。

鲁尔区是多中心区域，位于德国威斯特法伦州，涵盖了11座城市（所

有城市地位相同，并没有明确的中心城市）和4个县，分属杜塞尔多夫行政区、明斯特行政区、阿尔恩斯伯格行政区3个行政区管辖（昆斯曼 等，2007）。鲁尔区处于莱茵河、鲁尔河、利伯河3条河流穿过，拥有密集的内陆水运系统和铁路、公路网络，交通便利。[①]

鲁尔区煤炭开采的历史可以追溯到中世纪，这里最初主要进行钢铁生产与煤矿采集，之后产业结构逐渐升级，形成涵盖煤炭、钢铁、机械、化工等多个工业领域的大型工业区。鲁尔区对于德国的工业发展有着举足轻重的作用，被称为"德国工业的引擎"。鲁尔区在"一战"后实现了炼焦和煤矿采集的现代化。"二战"中，鲁尔区的重工业是德国进行战争必不可少的强力后援，提供了关键资源的生产加工，但战后约有75%的地区损毁严重。战后经过重建，鲁尔区再次恢复其德国西部工业重地的地位。[②]

19世纪50年代后，世界能源结构发生改变，科学技术的进步对工业生产产生了一系列的影响。由于煤炭和钢铁工业占据了鲁尔区经济很大的比重，采煤和钢铁工业的衰落使鲁尔区经济遭遇了前所未有的结构性危机。经历了工业的兴盛、没落和转型，鲁尔区留下了许多工业遗产。工业遗产是一种涵盖了历史、技术、社会等工业文化价值的物质文化遗产，如工厂、机械设施，或是采矿场、仓库，抑或是交通设施、社交场所、住房、宗教礼拜场所（单霁翔，2006）。这些宝贵的社会资源实际上是一种城市创新的载体，也是产业结构转变与升级的产物。在欧洲工业遗产之路项目的组织下，鲁尔区许多工业建筑内部加入了新的设计，增添了新的内涵，在现代社会获得了重生，鲁尔区开始从重工业基地逐步转型成为一个拥有综合产业的"绿色区域"（图2-32）。

---

① Ruhr: Region, History, & Points of Interest, Encyclopedia Britannica, https://www.britannica.com/place/Ruhr，访问日期：2020年11月19日。

② 同上。

第二章 实习主题与主要内容

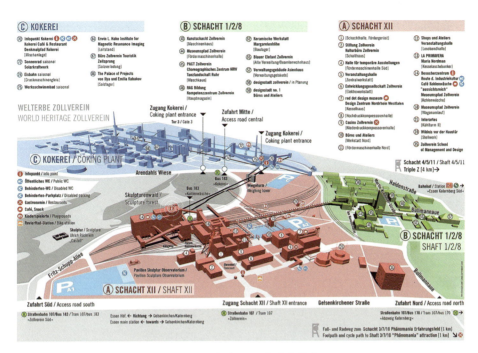

图2-32 鲁尔区工业遗产分布

（资料来源：https://hiddener.wordpress.com/2012/04/28/zeche-zollverein-essen-germany/，访问日期：2020年6月2日）

本节将介绍鲁尔区内4个城市（多特蒙德、埃森、杜伊斯堡、黑尔纳）的工业遗产保护与再开发状况，阐述工业遗产保护和后工业时代的旧工业区发展道路。

二、多特蒙德：钢铁交响乐的新乐章

多特蒙德是德国第七大城市，位于鲁尔区东侧。从20世纪30年代开始，多特蒙德便成为德国的煤钢生产基地、啤酒生产基地以及交通要地。20世纪50年代末至21世纪初，由于产业结构调整，多特蒙德的煤炭和钢铁这两个关键产业开始慢慢退出历史舞台。1958年，采煤业开始裁员；1987年，多特蒙德的煤矿全部停产。多特蒙德钢铁产业的全面危机于1975年开始，至2001年就彻底没有钢铁厂运行了。除了钢铁工业，多特蒙德在20世纪50年代还曾是欧洲最大的啤酒产地，但其啤酒制造业也从20世纪70年代开始慢慢消失。多特蒙德原有产业结构面临全面转型的问题。

为打破因过度依赖钢铁煤炭产业而带来的困境，多特蒙德基于原有的核心支柱产业，对整个城市的产业结构进行了调整：将过去的主导产业——煤矿业转变成高端能源产业，钢铁业则转变为基础材料科学，运输业进化成如今的物流产业。1968年，多特蒙德大学成立，设立了应用科学学院、音乐学院等学院，重点发展电子信息、自动化、物流等高端新兴产业。这一系列举措挽救了多特蒙德，使其逐渐发展为"科技之城"。如今，信息技术和微型机电系统、电子商务和电子物流等新兴行业已完全替换煤炭、钢铁和啤酒行业，成为城市的核心产业（王静 等，2013）。

经过彻底的转型，多特蒙德现在已经不再依赖重工业，而逐渐变为德国的高端科技核心，其拥有的高等学府也在鲁尔区名列前茅。经济结构的改变带动了城市的功能转变，现在的多特蒙德是一个充满现代感并且适宜居住的城市。在鲁尔区大量的工业区转型案例中，多特蒙德的凤凰钢铁厂改造属于经典案例。对比其他鲁尔区的保护型工业遗产，凤凰旧工业区将建设住宅以及新的工业区（卓伦煤矿改造项目）作为目标，其转型案例值得我们借鉴与参考。

（一）凤凰工业区

凤凰工业区（Phoenix Iron and Steel Mill）从1841年开始运作，其鼎盛时期支撑起了德国的钢铁制造业。然而，"二战"后的高昂劳动力让德国钢铁业难以为继。1997年，蒂森克虏伯钢铁公司开始慢慢停止运作凤凰钢铁厂（图2-33）；2002年，蒂森克虏伯的生产线被中国江苏沙钢集团买下。为了刺激经济发展，让城市再现辉煌，并有效消除凤凰钢铁厂关闭带来的负面影响，2000年5月，多特蒙德市启动了"多特蒙德计划"（Dortmund-Project）。

图2-33　凤凰钢铁厂遗址（编者自摄）

"多特蒙德计划"由多特蒙德市政府、蒂森克虏伯钢铁公司联合当地80家私人投资企业发起，包括4个目标：（1）用诱人的各项福利和政策吸引高科技企业进驻，创造新的核心产业，如信息、软件、电子商务和微型机电等产业；（2）提升就业率；（3）优化教育水平，提升人力资源水平，采取有利于工人的福利政策，对工人开展专业培训教育，使其发展成为IT、电子商务、物流和微电子等新兴产业的人力资源中心；（4）城市旧区改造，将旧工业区更新为充满活力的生活场所和科技园，创造更多的工作岗位（周挺、张兴国，2012）。

凤凰旧工业区的改造最初只打算对城市原本具有的各种功能进行恢复，以确保生活、娱乐、工作等可以齐头并进。而规划建设的凤凰新区则在原有的工业区结构的基础上，向东西两侧延伸。其中，将东侧的区域改建成一个兼顾商业服务和休闲娱乐功能的高质量生活区，采用市场化房地产的开发方式进行改造。通过人工造湖、改建原工厂排污水管为引水河道的方式建造了凤凰湖，并进行湖畔生态环境的修复。整个区域的居住品质因为东区凤凰湖的建造而得到了提升，凤凰湖也因此成为多特蒙德地区第一个游艇码头（图2-34a）。此外，基于优良的生态环境，东区进行了商品房开发，修建并完善了现代化社区（图2-34b），同时还完善了办公和商业功能。西区的改造则得到欧盟基金的赞助，建立了新的科技工业园——凤凰科技园，重点发展微型机电产业群，兼顾办公、商务、休闲娱乐等功能。总的来说，通过引进高新技术产业、新工业的方式完成产业转型，并对原工业区工人进行进一步教育以解决其失业问题，基本平和地完成了整个区域的过渡与转型。经过治理，现在的凤凰工业区已经不再有往日的工业污染，整个区域绿草茵茵，湖中还有天鹅、野鸭在嬉戏，生态环境已经完全恢复（图2-34c）。而仅存的钢铁厂旧址附近修建了博物馆，方便当地人与游客更深刻地了解凤凰工业区的历史。

a. 东区凤凰湖改造

b. 凤凰工业区东区新建设的住宅

c. 凤凰湖全景

图 2-34 改造后的凤凰湖工业区（编者自摄）

凤凰旧工业区的改造并非一朝一夕就能完成的，必须预先做好充分的准备。1970—1980年，多特蒙德新建了5所大学，开设了一系列应用学科，以完善其高等教育系统，增强高等教育实力。多特蒙德市政府预测微型机电产业的发展前景良好，于1985年建立了科技孵化中心。由于多特蒙德的研究所和工厂掌握了微型机电产业的核心技术，吸引了国际微型机电系统工业协会（IVAM）将总部设在多特蒙德，并为中小企业提供技术支持。协会入驻受益最大的就是本地企业，而企业又能够促进本地大学的研究发展，为教育和就业做出贡献。从1980—2002年的就业数据可以看出，代表高技术产业的服务咨询业的就业人数远远高出传统制造业。蒂森克虏伯钢铁公司顺应时代的发展，主动寻求转型，关闭了污染严重、极度依赖自然资源的钢铁厂。同时，蒂森克虏伯钢铁公司参与资助"多特蒙德计划"，积极发展新兴产业。所有这些政策方面的努力，最终表现为实体空间的成功转型（周挺、张兴国，2012）。

在如今的经济环境中，中国也在寻求实现旧工业区转型发展的方式。而旧工业区转型其实就是对城市的区域所具备的功能进行转换，若转换后的城市功能依旧不能跻身全球经济活动，那么即使实施了城市改造，就算对旧工业区进行了改造，建设了的高科技园区或者创意产业也将会因为没有相应的高端人才或者社会需要，而难以带动城市进步，改造了的区域也将难以崛起。空间转型其实离不开人的改变，因此人们应将目光放长远，尽量避免因为转型而给社会带来负面影响，以科学严谨的态度开展这项行动。

（二）卓伦煤矿

卓伦Ⅱ号、Ⅳ号煤矿（Zollern Ⅱ/Ⅳ Colliery，图2-35）位于多特蒙德市柏芬豪森的西北郊，由著名建筑师保罗·克努比（Paul Knobbe）设计，是由当时行业领先的盖尔森基兴矿业公司于1898年建造的。卓伦煤矿于1904年完工，是当时最先进且作为模范代表的煤矿。卓伦煤矿内的建筑有着稳重的红砖墙面、灰绿色的瓦顶，以及精致的装饰结构。因为采用了独特的建筑风格，盖尔森基兴矿业公司自豪地将卓伦煤矿内的建筑称作"工人的城堡"（Kift，2013）。20世纪50年代中期以后，鲁尔区的煤矿业与钢铁工业开始逐渐没落。1966年，卓伦煤矿被迫停产关闭，该公司原本计划将这些废弃的建筑设施统统拆除，可在当时，许多居民和工业保护人员都主张保留该区域。因为这片废弃厂区不仅充分地体现了过去工人的工作与生活情况，也融入了工人深切的情感，他们对这里充满怀念与归属感。由于得到很多人的努力和支持，卓伦煤矿于1969年获得了有效的保护。卓伦煤矿见证了鲁尔区煤矿业的兴衰变迁，它作为最具有国际影响力与纪念意义的德国首座现代化矿区被完整地保存下来并成为煤矿博物馆，述说着鲁尔区的矿业文化与历史。1981年，再利用后的矿区成为威斯特法伦工业博物馆的总部，于1999年正式对外开放（刘抚英、蒋亚静，2016）。

图2-35 卓伦煤矿工业区现状（编者自摄）

对卓伦Ⅱ号、Ⅳ号煤矿工业遗产的保护与再利用可分为工业区域、工业厂区、单体建筑与设施3个维度，从区域到个体，层层深入，实现对工业遗产全面细致的更新保护。作为鲁尔区"工业遗产之路"（industrial heritage trail）和"欧洲工业遗产之路"（European route of industrial heritage，ERIH）的重要节点，卓伦煤矿被纳入区域性工业遗产保护与再利用网络之中（刘抚英、蒋亚静，2016）。

对工业厂区层级的保护再利用，依托于对建筑设施以及厂区的维护，卓伦煤矿通过文化博览园项目，将厂区内保留完好的各个建筑重新利用起来，如管理办公建筑、Ⅱ号提升井、Ⅳ号通风井、分拣车间、中央动力车间等都得到了有效的保护和再利用。卓伦煤矿的整体建筑风格是哥特式。在色彩上，建筑群的外墙面主要采用了红色和浅棕色，辅以部分白色抹灰墙面，窗框、窗棂则采用灰绿色，看上去精美而统一。整个园区当中，最令人瞩目的建筑当属中央动力车间，它是使整个园区免遭摧毁的重要因素。1969年，对它的保护性利用拉开了德国工业遗产保护的序幕。中央动力车间由柏林建筑师布鲁诺·莫林（Bruno Mohring）设计，其建筑风格与厂区整体的哥特式风格有所不同，在入口处采用了大量的钢架结构和玻璃窗，属典型的"新艺术派"（art nouveau）特征，表现出其具备现代化技术的功能内涵。中央动力车间内存放着由西门子公司所研发生产的在当时最为尖端的发动机（图2-36），其开启了电能挖矿的时代。在将卓伦Ⅱ号、Ⅳ号煤矿厂区整体结构完整保留的基础上，原厂区被更新为"文化博览园区"，原厂区的工业生产性空间经过再利用，被转化为观光旅游和游憩性空间，作为被活化的工业遗产，产生了新的价值（刘抚英、蒋亚静，2016）。

图2-36　西门子公司制造的发动机（编者自摄）

对单体工业建筑与设施层级的更新，主要是通过以下3种模式的改造，将工业遗产再利用为博物馆。（1）建筑空间作为陈列载体模式。该模式将原来的盥洗室、灯房等建筑转变为展览空间，用于展示鲁尔区的社会经济文化和矿业历史、煤矿采集和生产过程、工人们的生活与工作环境等主题内容。（2）建筑空间与设施作为陈列本体模式。建筑空间本身的结构、生产设备、附属设施等作为展品，展示并传递着工业文化信息。如中央动力车间建筑的内部空间结构，以及发电机、风机、变压器等设备基本保持了原来的风貌，可直接作为博物馆展品。（3）室外设施作为陈列本体模式。工业设施外部形态，及其与周边景观所形成的整体可作为展示工业生产技术的展品，如机械设备、矿井井架、煤炭传送系统、轨道等（刘抚英、蒋亚静，2016）。当游客登上竖井，极目远眺，可以看到昔日被过度开采的煤矿产区经过重新填埋和植被修复，如今已被改造成一片欣欣向荣的绿色园地（刘抚英 等，2007）。

三、埃森：从工业城市到绿色之都

鲁尔区的埃森市是德国威斯特法伦州西北部的工业城市，曾经是德国的煤炭、钢铁重工业心脏，并且因关税同盟（Zolleverein）工业区而世界闻名。工业发展在这里留下了极其深刻的痕迹。埃森的工业曾经无比兴盛，四处可见耸立的烟囱、提升井架和高炉。埃森矿业关税同盟工业区创建于1847年。其第12号矿区于1932年落成，该地区成为当时全球规模最大、效率最高、最具现代化的煤炭开采基地。由于新能源的不断开发和相关技术的进步，德国对于煤矿业的关注度随之降低。1986年，埃森市内的最后一家矿厂关闭，矿业关税同盟工业区至此彻底结束（韩巍，2009）。20世纪60年代以来，鲁尔区的城市都在急切地寻求城市转型的办法，也取得了不少成效。埃森市从过去烟囱、高炉林立的重工业区蜕变为现在的田野、绿化区和住宅商业区。2010年，埃森当选"欧洲文化之都"；2017年，欧盟将埃森评为"欧洲绿色之都"。埃森从过去的重工业城市成功转型为欧洲著名的文化、艺术、创意设计及旅游城市。

埃森城市的成功转型离不开其政府等管理者对工业遗迹的合理开发利用和城市综合发展战略——埃森利用北威州政府甚至是欧盟的资金补

助，在原先的工业遗产基础上开发特色旅游服务业等，吸引大量游客。鲁尔区政府还以关税同盟工业区为核心建立起一整条工业遗产参观路线，进而吸引大型公司的入驻，为本地带来更多的工作岗位。这种通过对工业遗迹智慧开发来进行保护的措施，不仅很好地利用了埃森整个地区的历史根植性，也让这些工业遗迹焕发出新的生命力。埃森建立并运行城市发展项目、污水处理系统等为改善居民生活质量和文化氛围所做出的努力，也是其获得"欧洲绿色之都"称号的重要原因。

埃森市北部的关税同盟煤矿工业区是鲁尔区最核心，同时也最有特色的工业遗产。在2001年，埃森的工业遗产地被联合国教科文组织评为人类文化遗产，成为第三个获得该称号的德国城市，其经历了150年的欧洲煤铁重工业从兴起到没落的全部过程。在历史上，关税同盟的创建也标志着德国经济与社会发展进程的关键点。德意志曾有很长的一段时期是分裂的，不同地区都设置了很多的关卡，这不仅很难促成统一的市场，而且在军事与政治上也很难强盛起来，这就招致了周遭国家的侵略。歌德曾激动地表示：德国应当统一并且相互保持友好，始终一致对外；而且应当保证货币在德国的每个地区都是一样的价值；保证我的旅行箱不论到了德国的哪个邦都可以畅行无阻，不必受到细致的检查；也不应该把德国境内的一些地区视作内地或者外地；并且德国各个地区在货币、度量衡以及其他许多细节方面都应该统一（马桂琪、黎家勇，2002）。经济学家李斯特在1819年代表5000名商人和工厂主起草了《致德意志联邦议会请愿书》，认为应当取消国内的各类关税。他还在《德意志工商者报》撰文指出：如果想要令德国统一，就必须保证德国各个地区的民众能够自由地往来、交易；一个独立的德国必须建立共同的重商制度（姜德昌、吴疆，1998）。在各方的努力下，1826年，德意志北部的6个邦国建立了关税同盟；两年后，南部的各个邦国也建立了关税同盟；1834年，南北两个关税同盟的38个德意志邦国在普鲁士的领导下合并为全德关税同盟。关税同盟的成立确保了德国境内的商品贸易能够畅通无阻，有效减少了内部竞争。此外，在当时工业革命的浪潮下，关税同盟的成立还极大地促进了经济的发展，具体体现在19世纪50年代至60年代中期的15年间，关税同盟地区的工业总产量增加了一倍，煤炭工业和钢铁工业的发展取得了巨大的进步。

最初的关税同盟煤矿在欧洲是最为现代化的煤矿，不论是其建筑抑或是生产都是依照合理的设计建设出来的，在当时堪称煤矿范本。但到了1986年，受能源转型的影响，关税同盟煤矿被迫关闭，在当时只有很少的人希望将其留存下来并加以保护。而在若干年后，关税同盟煤矿经过许多人的努力得以留存，同时被二次修建，其中废弃的各个建筑设施都有了新的用途与作用。现在整个煤矿已经不再是往日那个充斥着煤灰的生产场所了，而是变为了埃森城市中最为活跃的文化创意产业中心，洋溢着历史与艺术之美（图2-37）。

图2-37　改造后的关税同盟工业建筑群一角（编者自摄）

关税同盟煤矿工业区可以划分成A区（7号竖井）、B区（1/2/8号竖井）和C区（炼焦厂）3个片区。其中，A区是主体文化的展示区，主要进行矿区历史、文化创意、特色景观的展示；B区是关税同盟矿区的展示区，包括规划设计中心、餐厅等基础配套设施；C区是曾经的炼焦厂，经过更新后承担了管理和研究等办公功能。

鲁尔博物馆（Ruhr Museum）是关税同盟煤矿工业区的主体建筑（图2-38），改造前是第12号矿区，由荷兰建筑师雷姆·库哈斯（Rem

第二章 实习主题与主要内容

图 2-38　鲁尔博物馆（编者自摄）

Koolhass）主导设计。在对曾经的厂房进行改建后，各个空间被有机地组合在一起，风格色调统一又不失自身特色，充分展示了鲁尔工业区的历史与转型发展状况。博物馆大门处的广场雕塑是极为特别的关税同盟煤矿世界遗产区域模型和小型钢铁构架。整个广场的地面由许多煤渣以及支线铁轨组成，游客在此参观时就能够身临其境般地感受到当初堆煤的场景，十分有趣。而原来用于运输煤炭的传送带则被改造为长数十米的橙色自动观光扶梯，颇为壮观。从历史维度出发，博物馆被设计为三层的广阔展馆，从高层往低层分别命名为现代（present）、回忆（memory）和历史（history）。参观者首先到达的是"现代"主题展馆，然后逐层往下参观，仿佛时光倒流，从工业的转型，到没落，再到最初的兴盛。"现代"主题诠释了工业文化的现代内涵：工业建筑与改造景观的娱乐与教育价值、工业文明对当地体育运动文化（例如足球文化）的促进、后工业的生态恢复等。工业文明并不是被压在历史车轮之后，而是化作适应甚至是推进现代化进程的力量。"回忆"主题展馆宏观地介绍了鲁尔区的统治势力更迭和政治、经济发展，从石器时代、铜器时代、铁器时代的人类文明，到罗马帝国时代的宗教斗争，细致地勾勒出鲁尔区的前世今生。随后"历史"主题展馆则详细地展现工业发展的起始、变革、创新、鼎盛和衰败。这三个展示层面以工业作为主线，体现了鲁尔区的人文与自然，描绘出工业、生态、经济相互融合的蓝图（图2-39）。

图2-39　以摄影展的形式呈现工业遗产现已蜕变为房地产项目、旅游景区、科教用地等现状（编者自摄）

A区中另一个标志性建筑是著名的红点设计博物馆（Red Dot Design Museum，图2-40）。红点设计博物馆也是工业建筑更新改造的成功案例。这座建筑原本是锅炉房，后来由英国建筑师诺曼·福斯特（Norman Foster）改造，现用于收藏和展示获得红点设计大奖的

图2-40　红点设计博物馆（编者自摄）

作品。整个博物馆的建筑风格是典型的包豪斯风格，红砖墙并不用于承重，却起到了很好的装饰作用。在建筑内部保留了浓郁的工业化氛围，原来的五个锅炉房被留下一个，作为20世纪30年代的技术典范留念；其余的锅炉房则被改造为画廊和展示厅，用于陈列汽车、机械设备等各种设计精巧的工业产品。

四、杜伊斯堡：工业遗迹的功能改造

后工业景观公园是把废弃的工业遗产经过修复和改造而再展出的景观公园，通过对场地中所有的环境要素进行整合，将其改造成可以让游客在此休闲娱乐的场所。20世纪60年代至70年代，后工业景观公园开始在欧美发达国家出现，成熟于20世纪90年代的德国。

1984年，由于欧洲产品配额限制，梅德里希钢铁厂花费了高昂的代价才将5号高炉进行了现代化的改造。1985年，钢铁厂关闭，北威州政府希望将其保留下来并在之后用作展览。1989年，州政府机构成功购入了钢铁厂的用地，创立了开发公司；杜伊斯堡市计划将原钢铁厂改造为公园，将钢铁厂的修缮改建视作整个"国际建筑展埃姆舍公园"计划"绿色框架"中最为重点的环节，并于1990年举办了国际设计竞赛。1991年，彼得·拉兹事务所的设计方案因为采用了惊艳的"后工业景观"设计理念、手法，将工业遗产与生态绿地结合起来且极具可实施性而摘得桂冠。1994年夏天，北杜伊斯堡景观公园（图2-41）迎来了它的第一批游客，并且受到了一致的好评。2000年，彼得·拉兹凭借北杜伊斯堡景观公园的设计方案获得第一届欧洲景观设计奖，并成为后工业景观设计的代表人物。北杜伊斯堡景观公园也被誉为后工业景观公园的经典范例（刘抚英 等，2007）。

图2-41 北杜伊斯堡景观公园（编者自摄）

北杜伊斯堡景观公园将工业景观直观地呈现在游客面前，具有极强的冲击力，令游客能够深刻地体会到工业文化的特色。废弃工厂所留下的各种建筑物、工业生产设备等都成为公园最核心的部分。为了使整体风格统一和谐，公园对旧厂区整体的空间尺度和景观都进行了一定的调整，以往用于冶炼钢铁或者采集煤矿的各大设施，如炼钢高炉、煤气储罐等具有强烈的工业风格的建筑物被改建成为公园的一系列景点。其中，水系、铁路、道路组成了线要素，广场、绿地、活动空间组成了面要素。同时，公园对许多工业建筑进行了二次利用，将其变为能够让游客在此进行观光、餐饮、体育运动、娱乐等活动的设施。例如，变电站被改造成了游客咨询中心；5号高炉被改建成高70米的高观景台，站在这里就可以轻松地俯瞰整个公园的景色，向远处眺望还可以观察到鲁尔区的整体工业景观；位于厂区中心的煤气储罐，在经过重新设计改造后，注入2万立方米的水，成为欧洲最大的潜水俱乐部（图2-42）；过去用于堆放矿石等材料的堆积场，现在是攀岩、儿童活动的场所；废弃车间改建成露天电影院（图2-43）；中心动力站则成为多功能活动大厅，可用于举办各种国际展览、会议、音乐会等大型公共活动。

图2-42　原为煤气储罐，现为潜水俱乐部（编者自摄）

图2-43　原为工厂的一部分，现为露天电影院（编者自摄）

工业文明时期的各个工业作业区和相应的景观都标志着工业文明的特色，并具备辅助推进社会经济的作用。而当工业文明衰落，环境、社会和经济等问题激发，工厂逐步沦为废弃地时，其现实状态与原来的生态位不符。后工业景观公园是一种能够有效改造废弃工业场所的方法。在找到与环境条件契合的潜在生态位后,应当充分发挥其资源优势,把潜在生态位转化成现实。

北杜伊斯堡景观公园将恢复生态建设和整合所有开放的空间作为核心,对于不再使用的工业设施以及相应空间进行保护和再次利用,突出其故有的工业特色,是工业遗产保护的模范。如今,中国一些大城市日渐兴起对工业遗产的保护和再开发,涌现了一批工业遗产景点,如北京的718联合厂(798艺术区),上海的江南机器制造总局,广州的信义会馆、广钢新城等。北杜伊斯堡景观公园这一案例对于我国运用后工业景观设计理念对工业废弃地进行改造的理论研究和实践探索都具有重要的借鉴意义。

五、黑尔纳:治理与规划的典范

德国的工业遗产保护受到了民间与政府两方的支持,这是一个由下而上的过程,也是由上而下的过程。经过多方努力,工业遗产化的各项规划得以顺利实施。在民众要求下,政府开始关注保护工业精神。在这里面,德国社会民主党推动的公民社会运动扮演着重要的角色。它使得工人阶层在社会上取得了更多有关工业遗产的话语权,并将对工业遗产的保护升级至政府层面,把相关的保护措施纳入了法律。很多工业区在法律的约束下开展修缮工作,变为居民所希望的理想居住地。黑尔纳(Herne)工人住宅区的更新转型就是其中一个典型案例。

黑尔纳生活区曾经是煤矿工厂工人的住宅,经过统一规划的住宅规则排列,墙壁与制式统一。当时,四位工人住一房,一位工程师住一房。由于黑尔纳生活区地处埃森和多特蒙德之间,距离这两座工业城市仅半小时车程,通勤方便且租金相对较低,又有较大的跳槽空间,所以有许多工人选择住在这里。现在,这里经过绿化和基础设施的改造提升,环境优美宜居,遍布着统一规划、规则排列、风格一致的别墅洋房(图2-44)。房子前方带有一个小花园,是展现各家特色的重要方式,可以给路人和来访者留下深刻印象;

后方带有一个大花园，装饰精致，可供一家人在内休闲娱乐。该生活区也由曾经的工人住宅区转变为中产阶级生活区。目前，黑尔纳曾经的工人住宅区有70%的居民都是原煤矿工人的后代，他们十分愿意居住在这片环境得到大大改善的土地上。

a. 装饰精致美观的工人住宅　　　　b. 住宅前草坪上放置一车煤矿，以示纪念

图2-44　改造后的黑尔纳生活区（编者自摄）

对黑尔纳生活区进行改建时要关注水污染的监管处理。而鲁尔区是全球最早实施水污染治理的地区之一。曾经的鲁尔区3条河流：鲁尔河仅有地下水未遭受污染，可被饮用；列比（Lippe）河作为"mining water"是不可饮用的；而埃姆舍尔（Emscher）河流则是污染最为严重的河流。3条鲁尔区的水源均受污染。直至工人们因水污染传播霍乱而死亡之后，当局才重视起河流的治理。1901年，鲁尔区开始了水污染治理系统的建设；此后两三年里，鲁尔区河流污染状况明显好转。如今，经过环境治理的黑尔纳生活区变得空气清新、舒适宜居。一些闲置的土地也得到开发利用，被整齐地划成一块一块，每一块土地上有一间"农舍"，由政府组织的非营利机构小园林同盟负责组织、规划、建设，向热爱园艺的人们低价出售土地。退休的老人、园艺爱好者可以到这里休闲娱乐，享受种植的快乐，且种植所得可由各家自由支配。有时，邻里会组织聚会，甚至会邀请流浪汉参与。

这种花园城市的模型来自英格兰。19世纪初，有许多工人涌入城市，使城市变得拥挤不堪，居民生活质量降低。"花园城市"之父埃比尼泽·霍德华（Ebenezer Howard）对当时的居民的生活状况十分同情，在1898年出版的《明日：一条通往真正改革的和平道路》一书中，他提出了创造新型城市（即花园城市，将城市与农村生活的好处相结合）的设想，希望以此解决当时城市里出现的生活条件恶劣的问题。

六、小结：鲁尔区老工业区转型的启示

中国如今正处于经济发展与城市的高速变化时期，许多老工业区正急迫地需要开展转型工作，政府也愈发看重对工业遗产的保护和再利用。鲁尔区是传统工业区产业结构成功转型的经典案例。德国工业遗产保护和再利用的成功经验，为中国工业遗产保护和再利用的本土化研究提供了借鉴。

首先，转型离不开政府的扶持。尤其是在转型初期，政府应对城市的生态环境治理、接替产业的发展、就业转岗人员培训等方面给予支持，如建立环境补偿机制、鼓励环保产业发展，待转型步入正轨并取得一定成果后，逐步减少或取消扶持。例如，鲁尔工业区在转型期十分注重工人们就业转岗后的培训。卓伦煤矿在矿井关闭之后，州政府出资让矿井工人接受再教育，使他们可以完成自身的转型，从而促进了城市的产业转型。

其次，转型离不开相应的法律支持和有效规划。要兼顾总体和专项、长期和短期，并且每一步都要制订相应的规划。德国政府为振兴鲁尔工业区，成立专门机构——鲁尔煤矿区开发协会，编制具有法律意义的总体发展规划。

再次，产业结构的多元化是转型成功的关键。转型成功的关键是逐步减少对资源型产业的依赖，培育和发展绿色环保产业作为接替产业，实现产业结构多元化。不过，产业结构多元化不是一蹴而就的，而是需要经历一个培育发展的过程。在抓住市场机遇的同时，结合自身发展优势，有助于更快地找到适合城市发展的特色产业，加快产业多元化的步伐。如多特蒙德为了寻找新的主导产业，积极提高高等教育实力，不断进行产业拓展，探索发展电子商务、IT等新兴产业的可能性，从而推动城市产业从衰败的煤炭、钢铁工业向旅游、信息文化等产业转变。

最后，城市的每一步转变都离不开公众的参与，公众力量的加入能够促进城市转型的成功。德国工业遗产之路的景区、博物馆开发都由同一个组织进行，通过对工业区遗址（如矿井、工厂等）的改建，既能使其具有教育性和示范性，又能物尽其用，延续其商业价值。

第八节　特色小镇与区域发展

本书介绍的实习考察线路不仅包括德国的主要城市和地区，也包括德国西南部摩泽尔河、莱茵河（德国段）流域的极具特色的小城镇，如马克思的故乡特里尔、摩泽尔河谷葡萄酒产区和刀具产业小镇索林根。这些小城镇规模不大，发展各有特色，颇具地理与历史风韵。在这些小城镇中，不仅可以追溯中国特色社会主义之源头、接受马克思主义的熏陶，还可以从德国的特色小镇发展中获得中国特色小镇发展的灵感。

一、特里尔与马克思故居

特里尔（Trier）属德国莱茵兰-普法尔茨州，位于德国西部边陲，坐落在被称为"德意志母亲河"的摩泽尔河畔，被艾费尔山环绕，与法国、卢森堡邻接。特里尔是德国重要的天主教区（图2-45），市中心有两座教堂紧挨着，东边是圣母教堂，西边是大主教教堂。大主教教堂建于公元4世纪，是阿尔卑斯山以北最古老的主教教堂，最初为古罗马后期的城堡教堂。后来大主教教堂被毁，人们在保存完好的主体建筑基础上进行了扩建，如今该教堂仍然保存着古罗马建筑样式，并集欧洲历史上各种建筑风格于一身（纪贡梓，2015）。

特里尔是德国历史最悠久的城市之一，至今已有2000多年历史。特里尔开埠于公元前16年，于293年以"特来弗里"的名称划归罗马帝国；12世纪，特里尔成为7个选帝侯国都之一，并成为其中的3个大主教教区之一；

1815年，被法国短暂地占领后，划归普鲁士王国。1986年，特里尔因保存众多的罗马名胜和中世纪建筑而作为文化遗产之城被列入《世界文化遗产名录》，"黑门"、椭圆形竞技场、罗马浴宫遗址、圣彼得大教堂以及选帝侯宫殿等都记录着这座古都的辉煌历史（冯天瑜，2010）。

卡尔·马克思故居博物馆（Museum Karl-Marx-Haus）位于特里尔的布吕肯大街10号，是德国哲学家、思想家卡尔·马克思的出生地。马克思孩童时期的住所则位于特里尔的另一个街区，该地已为私人所有，现为一家商店和一家面包房。

卡尔·马克思故居博物馆建于1727年，是一座3层的巴洛克风格的楼房，有一个后院，中间配置了一个天井小院。房子的外形色调变化了很多次，如今是白墙、绿门和白色窗户（图2-46）。马克思的父亲于1818年4月租下这所房子作为其处理律师事务的办公室，同时也供家人居住。同年5月5日，马克思在此出生（聂锦芳，2016）。

图2-45 特里尔的天主教区（编者自摄）

图2-46 卡尔·马克思故居博物馆（编者自摄）

该博物馆目前的展览内容设计于2005年。整个展览占据了马克思故居大小不等的23个房间（包括连接前后楼的两个走廊）。其中，第一至十七号房间是关于马克思主义创始人的内容，分为"故居历史""青年马克思""政论家和哲学家""一八四八年历史时代的转折""流亡生活""政治经济学—生活主题""马克思和工人运动""恩格斯和马克思主义"等专题，介绍了马克思一生的生活经历、思想演变和实践历程；第十九至二十三号房间包括"工人运动的分裂""欧洲的分裂""卡尔·马克思的思想在世界范围内的传播和运用"等专题，叙述了20世纪以来马克思主义在东西方社会发展中所产生的广泛影响及其曲折的实践历程（聂锦芳，2016；阳卫国，2010）。

马克思生于相对富裕的中产阶级，其父系一族到其祖父辈都是有学问的学者或老师，在犹太教中承担重要角色；其父亲是律师，也是一位追随康德与伏尔泰、信奉古典自由主义的启蒙主义者；其母亲则出生于商业之家。由于其家族经济基础良好且学者氛围浓厚，马克思得以接受良好的教育。再者，其父系一族有着受人尊敬的社会地位，这使马克思有机会与同样有地位、有思想、有学识的思想家们进行思想的碰撞，并且这样的背景使其既可以洞悉资本家的资本运作过程，也可以以旁观者的角度客观全面地观察、了解劳动人民的生活情况。另外，孩童时期的马克思在家中接受其父亲的家庭教育，耳濡目染下，理性、自由、平等等理念已在马克思的心里埋下了种子（刘乃勇，2010）。

马克思思想的形成和其出生地特里尔存在着不可忽视的关联。18世纪的特里尔城有3个特点：（1）特里尔拥有悠久的历史文化并且受到宗教的渲染，由教堂、神学院、骑士团体、寺院和其他教会机构的屋宇层层围绕；（2）特里尔在1814年前属于法国的领土范围，受到法国大革命的感染，在这里，自由主义的思想受到大部分人民的推崇；（3）特里尔位于德国的莱茵省，这是当时德国经济最发达的省。这些都对马克思青年时期相关思想的形成产生了影响（刘乃勇，2010）。

二、摩泽尔河谷及其葡萄酒产业

摩泽尔河是莱茵河在德国境内的第二大支流和仅次于莱茵河的德国第二大航运河。作为世界闻名的葡萄产区（图2-47、图2-48），摩泽尔河谷以其得天独厚的自然地理优势和因地制宜的农业种植，生产出了最佳品质的雷司令（Riesling）葡萄。

河谷地区适宜种植葡萄这一生产智慧早早被德国人发现并应用，而今德国的葡萄种植仍然多分布在河谷地区。葡萄种植讲究"风土"（Terroir），即某一块特殊的土地与这块土地上综合的环境、气候与人文因素。其中一个重要的"风土"，是充足的阳光和热量与葡萄的高含糖量息息相关。河谷地区的人民早早利用了葡萄这一生长特性，在陡峭的山坡上种植葡萄，增大光线与地面夹角，以利于更多葡萄接受阳光的照射。另一重要"风土"来自种植葡萄的土壤。摩泽尔河谷的片岩在白天吸热，晚上返回给葡萄，葡萄从而得以不断吸收热量。地形和土壤这两个重要的因素，加上德国人民对于自然条件的有效利用，最终使摩泽尔河谷产出了世界闻名的雷司令葡萄。

图 2-47　摩泽尔河谷（编者自摄）

图 2-48　摩泽尔河谷两旁山坡上的雷司令葡萄种植园（编者自摄）

　　但是，曾经占据世界顶级地位的德国葡萄酒产业如今地位大不如前，取而代之的是法国葡萄酒，这是由多种因素导致的。其中一大因素为战争。"二战"爆发后，德国国内形势混乱，正常的商业贸易受到严重干扰，葡萄酒经济大幅倒退，葡萄种植面积仅剩巅峰期的1/20。德国葡萄酒早期占据最佳地位，除了因为自身品质上佳，还有赖于犹太商人的经商本领。而战争使得犹太商人开始拒绝德国葡萄酒贸易，德国葡萄酒因此在20世纪遇冷。另一大因素为移民。"一战"后，德国移民海外的人数日益攀升，大量移民外迁使农业种植劳动力人数减少，也因此影响了当地的葡萄酒产业。此外，气候变化也影响了德国葡萄酒产业的发展——这不仅让葡萄早熟，而且干旱等恶劣气候也导致葡萄的产量有所下降，原本得益于"风土"的摩泽尔河谷正在经历气候的挑战。

　　除了葡萄种植业，摩泽尔河两岸近年来开始大力发展旅游业，小镇旅游发展得如火如荼，科赫姆小镇（Cochem）就是其中的代表。摩泽尔河谷地区景色优美，作为旅游胜地，自古声名远扬，以英国画家威廉·透纳为代表的画家就曾来此观光。摩泽尔的美景激发了透纳的灵感，其有名的画作（如《科布伦茨的摩泽尔河大桥》）也使摩泽尔更添柔美的人文光彩。美酒与美景一直是人们对摩泽尔等河谷地区的首要印象，但直到1935年，世界上第一条"葡萄酒之路"在德国法尔兹区开放，两者才真正被有意地联系起来并互相促进。

由此可见，旅游业与葡萄酒产业的结合发生在德国葡萄酒产业萎缩的背景下。一方面，德国通过打造一系列葡萄酒产地，发展富有特色的酒文化旅游，以增加地方收入；另一方面，游客同时也是葡萄酒消费者，因而又增加了对葡萄酒的消费需求。摩泽尔河谷地区的葡萄酒产业与旅游业相互带动，让德国葡萄酒闻名遐迩，也让摩泽尔河谷区域实现了复兴。

三、索林根及其刀具产业

索林根（Solingen）位于德国北部北威州，是杜塞尔多夫行政区内的一座城市，刀具产业是索林根的支柱产业。自中世纪以来，索林根因锻造高品质刀剑、剪刀等刀具而闻名，成为著名的"刀具之城"，诞生了三叉牌（Wüsthof）、双立人（Zwilling）、哈瑞宝（Haribo）、莱德·雷神（Led Lenser/Zweibrüder）等国际知名的刀具品牌。

本次实习考察了索林根铸铁博物馆（Hendrich's Drop Forge，图2-49），该博物馆是欧洲工业遗产之路的另一个重要节点。博物馆的前身是建于1886年的亨德里希炼铁厂（Hendrich Steel Factory），其主要生产剪刀一类的刀具。

图2-49　索林根铸铁博物馆（编者自摄）

在索林根铸铁博物馆,能够了解到这座刀具名城的诞生与发展历程、剪刀的生产制造过程。今天的索林根凭借良好的产业基础与环境优势,结合现代化的生产管理方法,打造出了扬名世界的刀具品牌和产业集群。

中世纪始,索林根的一群铸剑师们率先塑造出了这里的城市形象,刀具产业就此延续至今。从工业地理的视角看,一种产业能在特定地区长盛不衰绝非偶然,一定有独特的地理条件支持其发展。通过研读出行前搜集的文献资料,我们发现索林根的物质环境是其刀具产业不断壮大的绝佳外部条件。刀具制造业在早期能够发展成为索林根的主要产业得益于这座小城丰富的自然资源:城市周围的伍珀河及其支流使磨坊能够不停运转,当地的铬、锰、镍等矿产资源是锻造刀具的主要原材料。

在18—19世纪,工厂中机器的运作都有赖于水产生的动力,因此,在流经索林根的伍珀河两岸分布着许多大大小小的工厂。19世纪末,蒸汽机的发明大大促进了大机器的运作效率。例如,一台大型的蒸汽机可以支持亨德里希炼铁厂里的34个锻锤同时运作,从以前一周只能生产1000把剪刀,提高到一天可以生产10000把剪刀。这一飞跃性的生产提速不仅使得工厂面向的市场可以不局限于德国的城市,还为其打开全世界的大门做足了准备。

在索林根地区,不锈钢刀具的锻造技艺自中世纪发明以来就流传至今。用这种技艺生产出来的刀具不仅十分锋利,而且质量上乘,这一地区生产的刀具因而逐渐在全世界范围都享有盛誉。该地区生产的每件产品上都须标注上原产地"Meis Soligen"(拉丁语,意为"索林根制造"),从而打造了刀具的地理品牌。

时至今日,索林根的许多工厂仍在使用传统的方法进行刀具生产。虽然随着科技的进步,一些新的技术手段逐渐应用于传统的生产流程当中,但最基本的锻锤技艺并没有发生太大的变化。例如,在索林根博物馆中展示的剪刀锻造流程主要分为以下步骤:工人们先将钢条煅烧至约120 ℃的高温,再用铁钳将钢条放到锻锤里锻打;在630千克锻锤的击打之下,原本条状的钢条被上、下两个钢模压制成具有剪刀外廓的钢片;随后,工人们将钢片四周多余的材料去掉,再压出剪刀把手的小孔,一把剪刀的初步形态便形成了

（图2-50）。基本成型的剪刀将由镇上的妇女用篮子运送到其他工厂，其后的生产步骤则由其他工厂来完成。

a. 具有剪刀外廓的钢片　　　　　　　　　　b. 基本成型的半边剪刀

图 2-50　博物馆内展出的剪刀零件（编者自摄）

在20世纪初期，索林根的工人们每周六天的辛苦劳作却仅仅换来微薄的收入，并时常面临着事故的风险，如手被锻锤压伤致残导致无法继续工作等。除此以外，许多工厂内漫天灰尘，致使工人们罹患肺部疾病的风险陡然上升。在这种工作压力和工作环境下，很少有工人能在一家工厂长久地工作下去。随着工人权益意识的不断提高和工会的力量越来越大，许多工厂不得不为工人创造更好的工作环境和生活条件。例如，在亨德里希炼铁厂，工厂主在工厂内部修建了卫生间和浴室，并配备充足的水源以供员工们使用，因此员工无须外出方便和洗漱。这在当时具有开创性，且时至今日仍具有重要意义。此外，由于大量的灰尘吸入肺中容易导致工人们患上尘肺病，工厂主还安装了鼓风装置以减少空气中的灰尘含量，以此保障工人们的健康。这些举措不仅降低了工人的流动性，保证了工厂的正常运转，同时也保障了工人的自身利益，提高了工人工作的积极性。

凭借其历史与环境优势，再加上对产品质量始终如一的追求、对设计款式与时俱进的革新，索林根将本地集群效应发挥到极致，俨然成为全球的"刀具生产中心"，是刀具生产领域最有力的竞争者。

从外部形态上看，我国的珠江三角洲（以下简称"珠三角"）"专业镇"拥有与索林根相似的产业集聚发展模式，如中山古镇的灯饰、顺德北滘的家电等，但其品牌影响力、发展前景等方面都还弗如远甚。"专业镇"是在一个镇域范围内，以某一种产业的专业化生产为主，形成具有一定规模、主导镇域经济发展和就业的乡镇经济模式，具有范围经济、减少交易成本、有利于学习和创新等优势。但相比索林根，珠三角"专业镇"的整体优势仍处在制造环节，在经济新常态的背景下，它们亟待实现从劳动密集型产业向规模性本土专业化产业的升级和转型。借鉴索林根的刀具产业集群发展经验，珠三角"专业镇"应将专业化分工进一步细化，通过不断进行技术创新，以提升自身在全球价值链中的地位。同时，政府应加强有意识的引导。当前，一些地方政府已经开始目的明确地培养主导产业，如在招商引资上明确产业类型、建立专业化市场、举办博览会等，这些政策都已为地区发展带来了很好的驱动效应。

四、小结：德国特色小镇案例对中国发展特色小镇与乡村振兴的启示

自从中国于2016年提出建设特色小镇的目标以来，各地相关发展如火如荼、政策响应积极，有很多成功的案例，但也不乏失败的案例。例如，各种"水乡"昙花一现，"民俗村"遍地开花却奄奄一息。众多特色小镇"死亡"的原因何在？同时，城乡二元经济结构转化滞后于城市化与工业化、乡村人口流失和老龄化、空心化逐渐严重、生态环境发展等问题也要求中国的乡村振兴有进一步的突破。对此，德国特色小镇的发展可以给中国一定的启示。

一方面，特色小镇的开发必须因地制宜，找到最适合自己的发展要素，发展具有足够有特色的产业。现在很多特色小镇挂特色之名、行大众之实，千篇一律，毫无特色可言，趋同情况明显，导致在和其他小镇的竞争中完全处于下风甚至被市场淘汰。互联网时代让流行潮流来得快、去得也快，要让特色小镇不仅红极一时，而且还能可持续发展，其核心的解决方案应是让小镇有实体经济和产业支持，通过产业可持续发展带动经济可持续发展。

另一方面，在乡村振兴上，德国的市镇规划给了我们新的思路。如何让城乡差异处于合理的范围内是非常值得思考的问题。德国是城乡差异较小的

国家，合理分配城市功能、形成科学的城市等级、进行完善的职能分工是其成功的关键。城市提供绝大多数的服务功能并不意味着需要吞噬乡村，而是通过中心城市提供足够的服务设施来为乡村服务，而乡村也通过自己的生产来为城市提供粮食等生活必需的物质供给。特色产业引领、完善职能分工，可以使得乡村的发展潜力最大化，从而产生更高的城市效益，进而提升人民生活的幸福水平。

第九节　环境治理与生态修复：加兹韦勒矿场案例

环境治理主要是处理环境污染，其本身涵盖了公共资源属性、外部性、空间外延性，这代表对该区域的保护往往是整体性的（杨妍、孙涛，2009）。而生态修复十分复杂，如果想尽快地将损害的生态系统复原就需要人工力量介入，帮助生态系统平稳地运作起来（焦居仁，2003）。修复与恢复是两个概念，也与生态重建存在差异。生态修复就是要重新设定生态重建的理念，对人与自然的联系做出调整，将自然演化作为核心环节，人在一旁进行辅助，推动相关流程，以此来解决生态退化的问题，加速恢复地表植被覆盖，防治水土流失。

本节将基于加兹韦勒矿场（Tagebau Garzweiler）环境治理的案例，介绍该地区如何从一个资源依赖型的高污染地区转变为清洁能源开发与使用的典型区域。加兹韦勒矿场位于德国西部的北威州，是德国人口最多的传统工业地区。该地区正面临着严峻的生态环境问题，也正积极地实施一系列环境治理和生态修复措施。

一、褐煤的使用与面临的危机

德国是全世界最早开采褐煤的国家，其褐煤资源十分丰富。褐煤，由于其含热低——它的碳含量为60%～70%，被认为是煤的最低等级。在俄罗斯、美国、加拿大、澳大利亚和德国等储量充足的国家，已查明有超过6万亿吨的褐煤储量。世界各地开采褐煤，几乎将其完全用作蒸汽发电的燃料。但是，褐煤是一种相对劣质的煤炭，其本身煤化程度低、燃烧效率差、产生的飞灰大，还会在燃烧过程中产生大量的有害气体，污染环境。德国的煤炭种类和分布并不均衡，在多年的开发后早已面临枯竭，甚至还须大量进口。如今，在德国中部一带，从莱茵河西岸、威悉河上游到德波边境的一系列煤矿，出产的大都是褐煤。煤炭工业的环境影响包括煤炭开采、加工和产品使用所造成的土地利用、废物管理、水和空气污染等问题。除大气污染外，燃煤每年还产生数亿吨固体废物，包括粉煤灰、底灰、炉底灰和含有不同重金属的烟气、脱硫污泥。

德国是世界上主要的煤炭生产国。其拥有400亿吨廉价褐煤储量，按照目前的开采速度，可持续200多年。与褐煤储量相比，德国的硬煤储量（25亿吨，到2018年只开采了3700万吨）相当小。德国的褐煤开采量一直处于世界第一的地位。2015年，德国褐煤年开采量达到1.78亿吨，远远超过排名第二的中国和排名第三的俄罗斯。由于褐煤的低效能和高污染，德国民众一直对褐煤的使用持反对态度，加之国际上也大力倡导使用绿色能源，因此，德国褐煤的开采量在近年来有所下降，但形势依然不容乐观。

德国的煤炭资源主要用于发电。而德国发电结构的特点是能源结构广泛多样。2016年，德国的大部分电量仍由褐煤、硬煤、天然气等传统能源提供；其中褐煤发电量约占总体发电量的34.4%；新型能源如核能和再生能源发电量仅占约19%。因此，硬煤、褐煤以及核电仍然是德国电力工业的支柱。

加兹韦勒矿场（图2-51）是褐煤开采的典型代表之一。该矿场为露天矿场，长达数百米，一侧为褐黑色且呈阶梯状分布，另一侧则布满杂草，底部停放着一些卡车和用于煤炭开采的重型机械。由于地处郊区，矿场周围十分荒凉，仅有一些机器在作业。与传统的煤矿开采区相比，加兹韦勒矿场纵向挖掘尺度较小，且没有矿井。这是由于褐煤蕴藏在地质浅层，因此只须翻动表层土，无须向下深入开采。这就意味着，为了获取能源，该矿场必须翻动足够数量的表层土，从而对环境难免会造成许多不良影响。加兹韦勒矿场每年就需要翻动足足1.4亿立方米的表层土来开采褐煤。虽然该矿场声称大部分采矿地区目前已完全被回填，但采矿对环境造成的破坏显然不会因此而完全消除。

图 2-51　加兹韦勒矿场（编者自摄）

在可持续发展的背景下，清洁能源的开发和利用成为当今的主题，褐煤的开采愈发受到人们的关注——人们对其造成的环境问题颇为敏感。如何实现能源结构的优化升级、如何对废弃的矿场进行修复、如何对传统煤矿开采区的地块进行更新，成为地理学者们关注和探讨的问题。

二、德国的能源结构转型

德国对传统煤炭资源十分依赖，能源结构较为脆弱，亟待转型。为了减少碳排放、逐步淘汰不安全的核电站以及在能源供应上更加独立，德国政府于2010年9月制定了"恩格尔温德（Energiewende）计划"（即能源转型计划），推进使用可再生能源。可再生能源包括风能、水能、太阳能、地热能、潮汐能等。这些可再生能源将替代化石燃料及核燃料等不可再生能源。虽然这意味着大多数现有的燃煤发电将要退出市场，但德国的一些企业以及公民依然积极响应这一号召。

在日本福岛核事故发生后，德国政府取消了使用核能作为能源发展的政策，并提出要在2022年之前逐步淘汰核反应堆。但德国的能源转型却成为国际媒体嘲讽的对象。有报道称，由于德国燃煤发电量的增长，2010年和2013年德国的二氧化碳排放量依然有所增加——褐煤的二氧化碳排放量为1100克／（千瓦·时），远远超过其他化石燃料，而天然气排放量则在150～430克／（千瓦·时）之间。

虽然许多媒体质疑德国能源政策是否已经出现错误以及德国能源转型是否已经失败，但这一政策依然在德国社会逐步推行，并取得了一定的效果。在此，我们尝试从多个行为者的角度分析这一问题。

（一）政府

德国政府通过不同时期出台的方案、设想和不断细化的举措，逐步推进德国能源转型的进程（表2-2）。

表2-2 欧盟、德国历年能源有关法律、法规

时间	法律、法规名称	主要内容
1990年	《电力上网法》	可再生能源的相关补贴促进政策
1996年	《电力市场开放规定》	欧盟发布了关于开放电力市场的第一个指令，以加强竞争和降低电价为主要目标。强调部分开放、适度监管和厂网分开
1998年	《电力市场开放规定》	改变了九家大企业垄断发输配售的局面，实现了电力生产与输配环节的全面拆分，配电公司也在法律上独立
2000年	《可再生能源法》	明细化规定不同可再生能源发电的补贴费用及年限，高额补贴刺激光伏发电高速发展

续表2-2

时间	法律、法规名称	主要内容
2005年	《德国生物质能行动计划》	配合可再生能源法案（EEG）的实施，推动德国的生物质发电
2007年	《电力和天然市场化改革指令》	欧盟提出的第三个有关电力和天然气市场化改革的指令草案，将发电和供电从电网经营活动中，尤其是从产权上分离开来，同时加强监管机构的权力和独立性
2010年	《面向2050年能源规划纲要》	明确到2050年可再生能源发电占比达80%的目标，全面推进能源转型战略
2011年	《能源研发计划》	设立更高效灵活的H级燃气轮机项目、储能基金计划项目、未来基金计划项目等
2014年	《电力市场绿皮书》	公开征询各方意见，讨论未来设计
	新《可再生能源法》和气候行动	降低上网电价，实施光伏发电竞标机制并引入实现2020气候目标的行动计划
2015年	《适应能源转型的电力市场》白皮书	以可再生能源为主的电力市场2.0
	《德国电力市场法》草案	北电南送：通过铺设地下电缆以扩建国家电网网络
2016年	《气候行动计划》	对个别经济板块设立2030年碳排放目标
	《热电联产法》	将热电联产的扩建目标定为在2020年前增加25%的产能，并在今后将这部分产能用于可调节的电力生产
2017年	调整《可再生能源法》	可再生能源电价采用拍卖机制

资料来源：王卓宇，2016；https://euracoal.eu/info/country-profiles/germany/，访问日期：2020年6月2日。

（二）个人

德国的能源改革不仅仅是自上而下的单方面推动，自下而上的变革更是其十分重要的组成部分。民众对褐煤和核电的排斥以及对可再生能源的偏向性，已经成为政府和企业能源转型的源动力。同时，德国民众也通过采取相应的行动（如去煤炭能源中心化）参与到德国新世纪的浪潮之中。

新能源网（2017）报道，据德国可再生能源协会数据，2017年上半年德国可再生能源发电比重达35.1%，提前3年完成目标。可再生能源占比增加量确实达到了政府与民众的期望值，但高昂的发电成本，甚至超过了超额排放温室气体所需交纳的环境污染费，因而降低了企业使用清洁能源发电的积极性。意外的是，需要民众承担的这部分超额的支出并没有影响人们对可再生能源的偏爱。

德国除国家电网统一的配送方式以外，还存在一些新的发电、配电形式，如自发电。尽管可再生能源在德国能源产出的占比增加，但官方能源价格仍不断飙升。与此同时，自发电力价格持续下跌，民众因而对自发电的热情高涨，自发电进入统一电网的比例也逐渐增加。

（三）企业

此次考察的加兹韦勒褐煤矿区隶属于莱茵集团。莱茵集团是德国四大电力公司之一，也是德国同时经营煤炭与核能基础设施的公司之一。近年来，由于德国政府的一系列去核化和逐步减少煤矿供能比例的举措，包括莱茵集团在内的四大老牌传统能源企业的利润均逐年下降。德国全面开放的电力市场意味着民众选择供电企业的完全自由，因此，这项能源转型政策虽然让以煤矿和核电为主要电力来源的传统公司苦不堪言，却也让会把握住机会的公司走在世界前列。

目前，为了适应德国政府大力推动新能源发展的新局面，德国的能源企业也做了诸多调整。

1. 逐步加大用可再生能源发电的比重

例如，莱茵集团研发了一种由硬煤、褐煤、核能、天然气和可再生能源共同组成的混合性一次能源。通过综合运用所有可利用的混合能源可以保证高性价比和环保的能源生产，同时为充分利用能源做出贡献。而意昂集团（E.ON）作为德国第一家介入可再生能源产业的电力供应商，于2016年与德国联邦政府就逐步淘汰核能达成共识，将公司重心转向可再生能源。

2. 合理开垦，共同迁居以组成社群

加兹韦勒矿场每年要翻动足足1.4亿立方米的表土来开采褐煤。如此大量的泥土绝大部分都会由推土机回填到已经开采完褐煤的区域。如今，大部分采矿地区都已经完全被回填。加兹韦勒矿场已经在周边地区留下了众多公认的充满价值的回填地区，用途包括公墓、湖畔疗养区、洼地、高地、驯狗场和甜菜种植区等，附近也配备了相应的制糖厂和公共服务设施，以创造新的就业机会，并吸引人群定居或短期度假等。这些地区都成为全新的动植物生活空间和休闲场所。

为建设矿场，于20世纪80年代共同迁往于兴（Jüchen）社区北部边缘的一个小村庄也以此矿场的名字命名为加兹韦勒。共同迁居的原则在于创造让尽可能多的居民能够安居于此的先决条件。形成社会关系与经济关系、收获所有相关群体的共同生活社区，是回填矿区成功恢复活力的关键。而物质基础和关系网络一旦形成，居民踊跃参与到这个进程当中也是自然而然的。

此外，莱茵集团还修建了宽广的露天观望台，放置了相应的展板和一些标语（图2-52），意在向民众展示自己先进的机器和废弃矿区的回填修复成果的同时，宣称其供给的能源100%可再生。

图2-52 加兹韦勒矿场观台上的展板（编者自摄）

综上所述，能源转型政策的被质疑再一次印证了德国能源转型的显著特征：政府政策、公众支持以及能源消费成本升高是德国"弃核减煤"以实现转型的基础，但这同时也面临着更多的矛盾和风险（蔡译萱，2014）。能源转型是德国自21世纪以来无法抹去的烙印，但机遇势必与挑战并存。

三、小结：加兹韦勒矿场案例为中国资源型区域发展带来的启示

依赖传统能源注定有走向资源枯竭的一天。资源枯竭的现状与国家可持续发展的要求，同样是中国部分区域与城市未来发展需要面对的困境。德国对以加兹韦勒矿场为主的褐煤开采枯竭地区的经济、社会和自然发展转型所采取的措施，对我国资源型区域的未来发展具有一定的借鉴作用。

我国中西部的一些煤矿大省，拥有丰富的煤炭资源。在20世纪末中国工业迅速发展的时期，这些地区凭借得天独厚的资源优势，其煤矿产业及相关的产业得到了长足的进步，经济水平和人民的生活质量也得到了明显的提高。而近年来，随着产业的衰落和资源的枯竭，这些地区不得不面对环境污染和人口流失等诸多问题，其周边的自然环境亟待恢复，亟须实现从资源型产业向本土特色化产业的升级转型。

考虑到中国的资源禀赋特性、国民的经济承担能力、能源安全，以及目前发展阶段对经济与生态平衡点的把握，水电或将成为中国能源的主力。然而，长久以来，甚至将延续至2050年的以煤炭为主导的能源结构，是中国节能减排和经济增长的最大的限制。无法大幅度地提高天然气的能源占比，意味着如何高效、清洁地利用化石能源是摆在面前亟须解决的难题（王树义、郭少青，2012）。除国家层面的能源结构调整之外，在随着资源枯竭而逐渐衰落的地区，长期的产业经济失调也让当地人口的各类职业比例和教育水平存在一定的缺陷；同时，资源枯竭后的转型导致大量产业关停，又会增加大量的下岗人口。如何在这些地区进行产业转型升级和人居环境改善将是一大课题。

第三章 注意事项

国际实习的时间应根据具体路线、实习内容以及天气状况进行安排，一般以1~2周为宜。人员安排方面可以进行分组，建议分为物资组（负责准备所需物资）、财务组（负责管理实习共同资金和账务）、采风组（负责实习中的摄像）、文稿组（负责对当天实习内容进行文字整理）和设计组（负责实习成果展示的设计）等。

国际实习不同于国内实习，目的地和途径地的生活习惯、文化风俗以及语言都与中国有所差异，因此，时刻保持实习队伍里成员间的联系以及避免由于地域差异而引起不必要的冲突是非常重要的。参加德国地理综合实习需要注意以下事项。

1. 时差

德国均处于东一区（GMT+1），夏令时比北京时间晚6小时（10月最后一个周日才开始冬令时）。

2. 气候

德国气温适中，全年气候变化不大。夏季（7—8月）日间平均气温在20 ℃左右；冬季（1—2月）日间平均气温在0 ℃左右。

3. 货币与汇率

德国的通用货币为欧元。有银联、Visa、Master标志的银行卡在德国皆可直接取现和刷卡（请注意ATM和POS机上的标志），手续费各个银行不同。

4. 入境物品规定

德国不允许旅客随身携带肉类、蛋类、鱼类、蜂蜜、奶制品等动物类产品。每位旅客只可以携带一日量的儿童食品或药品入境。若海关发现违禁产品入境，将进行没收处理。同时，违反相关规定的旅客有可能被处以罚款。免税品数量不得超过以下规定。

烟草类：200支香烟，或100支小雪茄，或50支雪茄，或250克烟草。

酒精类：1升酒精度在22度以上的酒或80度以上非变性酒精，或2升酒精度在22度以下酒，或4升静止葡萄酒，或16升啤酒。

药物：与个人旅行所需用量相符。

发动机燃料：机动车主油箱中的现有量或10升存于可携带油箱中的燃料。

其他：总价值不超300欧元的商品；15岁以下旅客所携带商品总价值不超过175欧元。

尤其要注意的是，每个人的烟、酒等免税商品须分开携带，不然将被视为其中一人携带的商品；年满17岁人士方可携带免税烟草及酒精饮品入境。

5. 电源与插座

德国使用欧盟标准插座，插座和插头形态如图3-1、图3-2所示。

图 3-1　欧盟标准插座

图 3-2　欧盟标准插头

6. 饮用水

德国大多数自来水均为饮用水。若没有明确的不可饮用标识，则可以直接饮用。

7. 使领馆信息

- 中华人民共和国驻德国大使馆

    地址：Märkisches Ufer 54，10179 Berlin

    办公时间：星期一至星期五 8:30—12:30，13:30—17:00

    联系电话：030-27588-0

    网址：http://www.china-botschaft.de/chn/

- 中国驻法兰克福总领馆（距离弗赖堡最近）

    地址：Stresemannallee 19—23，60596 Frankfurt am Main

    联系电话：0049-69-69538633

    网址：http://frankfurt.china-consulate.org/chn/

8. 重要电话号码

报警：110；非紧急医疗救援：116/117；紧急救援：115。

参 考 文 献

ARCHITEKTEN H，2009．沃尔夫斯堡大众汽车城［J］．建筑技艺（10）：30-43．

保继刚，楚义芳，2012．旅游地理学［M］．3版．北京：高等教育出版社．

北京市计委赴德国宏观经济管理培训考察团，2003．城市功能转型与经济结构调整（以波恩为例）：赴德国宏观经济管理培训考察报告（之二）［J］．首都经济（3）：35．

博登沙茨，李双志，易鑫，2016．柏林市中心的"批判性重建"［J］．国际城市规划，31（2）：18-24．

蔡译萱．（2018-05-15）．德国能源转型下半场：他们做对了什么？为什么能成功？［EB/OL］．［2020-06-30］．https://mp.weixin.qq.com/s/fTKvRvh17b7NDcW5mxAAlg．

柴舟跃，谢晓萍，韦克尔，2016．德国大都市绿带规划建设与管理研究：以科隆与法兰克福为例［J］．城市规划，40（5）：99-104．

陈有文，胡明，杨彩燕，2006．我国老港区改造模式分析［J］．水运工程（S1）：48-50．

科特勒，雷恩，海德，2008．地方营销：城市、区域和国家如何吸引投资、产业和旅游［M］．翁瑾，张惠俊，译．上海：上海财经大学出版社．

冯天瑜，2010．特里尔马克思故居散记（外一篇）［J］．书屋（1）：30-33．

顾朝林，2012．人文地理学导论［M］．北京：科学出版社．

韩巍，2009．独特的工业景观：析德国埃森矿业关税同盟工业遗迹的景观形态［J］．南京艺术学院学报（美术与设计版）（4）：124-130．

贺灿飞，陈航航，2017．参与全球生产网络与中国出口产品升级［J］．地理学报，72（8）：1331-1346．

黄耿志，薛德升，苏狄德，2011．全球形象构建：汉堡港口新城巨型工程的营销策略［J］．国际城市规划，26（1）：72-76．

黄浩明, 2016. 社会组织国际化任重道远 [J]. 学会 (2): 27-28.

纪贡梓, 2015. 特里尔, 马克思的故乡 [J]. 上海房地 (10): 56.

姜德昌, 吴疆, 1998. 马克骑士: 再度崛起的德意志 [M]. 长春: 吉林人民出版社.

焦居仁, 2003. 生态修复的要点与思考 [J]. 中国水土保持 (2): 5-6.

昆斯曼, 刘健, 王纺, 2007. 鲁尔传统工业区的蜕变之路 [J]. 国际城市规划 (3): 1-4.

李健, 宁越敏, 2011. 全球生产网络的浮现及其探讨: 一个基于全球化的地方发展研究框架 [J]. 上海经济研究 (9): 20-27.

李蕾蕾, 2002. 逆工业化与工业遗产旅游开发: 德国鲁尔区的实践过程与开发模式 [J]. 世界地理研究 (3): 57-65.

李莉, 2017. 工业小城镇的胜利: 德国工业产业城镇群的致胜秘诀 [J]. 北京规划建设 (3): 24-30.

李潇, 黄翊, 2014. 低碳生态城市案例介绍 (三十四): 德国绿色城市索引 (三): 科隆、埃森 [J]. 城市规划通讯 (11): 17.

李燕, 贺灿飞, 2011. 新型城市分工下的城市经济联系研究 [J]. 地理科学进展, 30 (8): 986-994.

李艳枝, 2008. 德国的土耳其移民 [J]. 国际资料信息 (10): 20-22, 27.

李子枫, 黄耿志, 薛德升. (2020-05-18). 全球化背景下多主体推动的滨水区更新: 以德国科隆莱茵瑙港为例 [J/OL]. [2021-01-16]. 国际城市规划. http://kns.cnki.net/kcms/detail/11.5583.TU.20200518.0907.002.html.

利维, 2003. 现代城市规划 [M]. 孙景秋, 等, 译. 北京: 中国人民大学出版社.

刘抚英, 蒋亚静, 2016. 工业遗产保护与再利用案例研究: 德国多特蒙德市卓伦Ⅱ/Ⅳ号煤矿 [J]. 新建筑 (1): 124-127.

刘抚英, 邹涛, 栗德祥, 2007. 后工业景观公园的典范: 德国鲁尔区北杜伊斯堡景观公园考察研究 [J]. 华中建筑 (11): 77-84, 86.

刘海龙, 2009. 文化遗产的"突围": 德国科隆大教堂周边文化环境的保护与步行区的营造 [J]. 国际城市规划, 24 (5): 100-105.

刘怀宽, 杨忍, 薛德升, 2018. 新世纪以来中德世界城市全球化模式对比分析 [J].

人文地理，33（2）：50-59.

刘乃勇，2010. 马克思的思想原点：马克思特里尔时期文本新解读［J］. 江汉论坛（2）：45-48.

刘群艺，2016. 平行还是融入：在德土耳其移民"离散社群"的经济分析［J］. 德国研究，31（3）：44-57，125.

罗绍彦，1990. 论国际分工［J］. 清华大学学报（哲学社会科学版），5（1）：22，66-74.

马桂琪，黎家勇，2002. 德国社会发展研究［M］. 广州：中山大学出版社.

梅琳，2012. 城市如此美丽：德国波恩的涅槃与重生［J］. 环球市场信息导报，（21）：12-22.

梅琳，薛德升，2011. 从"废都"到国际城市：波恩的城市转型与启示［J］. 世界地理研究，20（4）：57-66.

梅琳，薛德升，KRAAS F，2014. 跨国机构与地方共同作用下的城市全球化：德国波恩的案例研究［J］. 地理学报，69（2）：156-168.

孟庆民，李国平，杨开忠，2000. 新国际分工的动态：概念与机制［J］. 中国软科学（9）：113-117.

聂锦芳，2016. "到马克思的故乡去！"［J］. 读书（6）：72-80.

任金玲，2011. 价值链国际分工与我国加工产业发展问题研究［J］. 北方经济，（3）：62-63.

单霁翔，2006. 关注新型文化遗产：工业遗产的保护［J］. 中国文化遗产（4）：10-47，6.

单瑞琦，张松，2017. 柏林城市遗产保护区与城市更新区的比较研究［J］. 上海城市规划（6）：64-69.

沈芊芊，2005a. 柏林亚历山大广场之今与昔［J］. 国外城市规划（3）：73-76.

沈芊芊，2005b. 柏林：建筑与城市设计的理念实验场：政治因素与城市建设的互动之初探［D］. 南京：东南大学.

夏青，2000. 柏林印象：统一后的柏林城市与建筑环境建设漫谈［J］. 天津城市建设学院学报（3）：160-163.

孙峰华，2001. 德国人口地理研究［J］. 世界地理研究（2）：49-56.

王静，王兰，布兰克-巴茨，2013. 鲁尔区的城市转型：多特蒙德和埃森的经验[J]. 国际城市规划，28（6）：43-49.

王树义，郭少青，2012. 资源枯竭型城市可持续发展对策研究[J]. 中国软科学（1）：1-13.

王卓宇，2016. 德国能源转型：政策及成效[J]. 国际论坛，18（2）：74-78，81.

新能源网.（2017-07-27）. 德国清洁能源发电比重达到35%[EB/OL].[2020-06-30]. http://www.newenergy.org.cn/zhdt/201711/t20171125_388814.html.

许学强，周一星，宁越敏，2009. 城市地理学[M]. 2版. 北京：高等教育出版社.

徐艳文，2010. 德国：城市绿化的典范[J]. 广西林业（7）：44-45.

薛德升，1999. 西方绅士化研究对我国城市社会空间研究的启示[J]. 规划师（3）：109-112.

阳建强，吴明伟，1999. 现代城市更新[M]. 南京：东南大学出版社.

阳卫国，2010. 特里尔"朝圣"记[J]. 新湘评论（24）：55-56.

杨妍，孙涛，2009. 跨区域环境治理与地方政府合作机制研究[J]. 中国行政管理，（1）：66-69.

姚宏，1999. 发展中国工业旅游的思考[J]. 资源开发与市场（2）：53-54.

佚名，1978. 波恩的城市建设[J]. 城市规划（4）：1-2.

于宏源，练姗姗，2017. 共商共享全球治理：吸引国际组织入驻成为城市发展新路径[J]. 上海城市管理，26（1）：47-51.

赵力，2004. 德国柏林波茨坦广场的城市设计[J]. 时代建筑（3）：118-123.

赵荣，王恩涌，张小林，等，2006. 人文地理学[M]. 2版. 北京：高等教育出版社.

周春山，杨高，2017. 西方国家移民聚居区研究进展及启示[J]. 人文地理，32（1）：1-8，36.

周挺，张兴国，2012. 德国多特蒙德凤凰旧工业区空间转型[J]. 建筑学报（1）：40-43.

朱华友，王缉慈，2014. 全球生产网络中企业去地方化的形式与机理研究[J]. 地理科学，34（1）：19-24.

BARNIKOV T, BOYLE R, RICH D, 1989. Privatism and urban policy in Britain and the

United States [M]. Oxford: Oxford University Press.

BRAMBILLA R, LONGO G, 2003. Pedestrian precincts: Twelve European cities [C]// WATSON D. Time-saver standard for urban design. Washington: McGraw-Hill.

CHILDERS J, 1995. The Columbia dictionary of modern literary and cultural criticism [M]. Columbia: Columbia University Press.

DICKEN P, 2007. Global shift: Mapping the changing contours of the world economy [M]. London: SAGE.

GEREFFI G, HUMPHREY J, KAPLINSKY R, et al., 2001. Introduction: Globalisation, value chains and development [J]. IDS Bulletin, 32 (3) 1-8.

GREGORY D, JOHNSTON R, PRATT G, et al., 2011. The dictionary of Human Geography [M]. West Sussex: John Wiley & Sons.

HALL P, 1966. The world cities [M]. London: World University Library.

HAMNETT C, WILLIAMS P R,1980.Social change in London: A study of gentrification [J]. Urban Affairs Quarterly, 15: 469-487.

KIFT D, 2013. Brass bands and beat bands, poets and painters: A cross-cultural case study of mining culture and regional identity in the Ruhr area 1947–1966 [J]. International Journal of Heritage Studies,19 (5) : 495-510.

LEY D F, 1986. Alternative explanations for inner-city gentrification: A Canadian assessment [J]. Annals of the Association of American Geographers, 76: 521-535.

SCHILLER N G, BASCH L, BLANC-SZANTON C, 2010. Transnationalism: A new analytic framework for understanding migration [J]. Annals of the New York Academy of Sciences, 645 (1) : 1-24.

YEUNG G, 2018. End of a chapter? Hong Kong manufacturers in the Pearl River Delta [C]//Routledge handbook of contemporary Hong Kong. London: Routledge: 397-413.